朝日新書
Asahi Shinsho 261

激変！ 日本古代史

卑弥呼から平城京まで

足立倫行

朝日新聞出版

まえがき

1999年9月、私は妻木晩田遺跡《むきばんだ》（鳥取県西伯郡大山町《さいはくだいせん》・米子市淀江町《よなごよどえ》）の西側先端部に立ち、日本海の方角を見ていた。

雄大にして感動的な眺めだった。

標高120メートルほどの丘陵なので、前方に幅約3キロ、長さ約20キロの一大砂州である弓ヶ浜半島がゆるやかに弧を描いて延びている。弓ヶ浜半島（奈良時代まで夜見島《よみのしま》）は、国引き神話の中で「三穂の埼《さき》（島根半島の美保関町）」を引き寄せた「綱」とされているが、その弓ヶ浜半島の北半分が鳥取県境港市、つまり私の生まれ故郷である。

ゴルフ場の開発中に発見された妻木晩田遺跡は、この年4月に全面保存が決まった。複数の尾根に跨《また》がる7地区の遺跡が一つの集落のものとわかり、面積約156ヘクタールに及ぶ〝日本最大の弥生遺跡〟と判明したのだ。生まれた町の近くにとんでもない大遺跡がある。全面保存のニュースを聞いた時、私自身の奥深い部分の何かが刺激された。

不思議な縁と言うべきか、ニュースから4カ月後、私は妻木晩田遺跡の保存・活用検討委員会の委員に任命された。保存・活用の短・長期の整備構想を協議する委員会で、委員長は大阪府立弥生文化博物館館長（以下の肩書はいずれも当時）の金関恕《かなせきひろし》氏。他に、国立歴史民俗博物館館長・佐原真《まこと》氏、関西外大助教授・佐古《さこ》和枝氏、佐賀県教育長・高島忠平氏など錚々《そうそう》たる考古学者が委員に名を連ねた。私の方は鳥取県出身の（数少ない？）作家として、「一般有識者」の一人に選ばれたらしい。

ともあれ、それからの1年間に、4回ほど続いた委員会で私は多くのことを学んだ。200点もの大量の鉄器の出土や、〝建物の博物館〟と呼んでいいほど豊富な建物の種類など、妻木晩田遺跡のさまざまな特色もさることながら（私は古代史そのものに疎《うと》かったので）、考古学者や発掘調査担当者らが遺物や遺構を通して、はるか昔の古代社会の姿を生き生きと語る、その語り口に感銘を受けた。また、妻木晩田遺跡の最盛期は2世紀後半で、その時代は『魏志倭人伝《ぎしわじんでん》』の言う「倭国乱る」（いわゆる倭国大乱）の時代に当たり、邪馬《やま》台国《たいこく》に倭《わ》の女王卑弥呼《ひみこ》が登場するすぐ前の時代だが、専門の研究者らの間でも、倭国大乱の原因やその実態、邪馬台国の所在地などについて今もなお論争が続いている、ということも知った。私の中に、「古代史は面白そうだ」という意識が芽生えた。

しかし、だからといって、門外漢が何かを言えるほど古代史の世界は甘くない。

私は、観光旅行で、巨大縄文集落の三内丸山《さんないまるやま》遺跡（青森県青森市）や巨大弥生集落の吉《よし》野ケ里《のがり》遺跡（佐賀県神埼《かんざき》郡吉野ケ里町・神埼市）を訪ねた。取材旅行のついでに、遺跡に足を延ばすこともあった。大湯《おおゆ》のストーンサークル（秋田県鹿角《かづの》市）、「卑弥呼の墓」の噂のある箸墓《はしはか》古墳（奈良県桜井市）、仁徳《にんとく》天皇陵と伝えられる大仙陵《だいせんりょう》古墳（大阪府堺市）、壱岐《いき》島の原《はる》の辻《つじ》遺跡（長崎県壱岐市）などである。

日本古代史に関する一般書や専門書を読み漁《あさ》る一方、全国の発掘調査の成果を展示する、江戸東京博物館での〈発掘された日本列島〉展に毎年通うようになった。興味のあるテーマの古代史シンポジウムがあれば、仕事の日程を都合し聴きに行くこともあった。

ところが、こうしたことを数年続けている間に、私は行き詰まってしまった。

見聞を広め、新たな知識を得るたびに、古代史に関する情報は増えて行く。けれどもそれらは、異なる時代の異なる事象に関するバラバラの知識であり、いつまでたってもひとつながりの〝歴史のうねり〟のようなものが感得できないのだ。『日本の歴史 第一巻』風の一般向け解説書はあるが、それらはあまりにも通説網羅的で、『古事記』『日本書紀』の記述に基盤を置きすぎている気がした。かと言って、『記紀』を恣意《しい》的に解釈して、強引に自説を展開して行く一群の研究者の書籍も、危なっかしくてなかなか信用できない。

私は、「やはり原点に戻ろう！」と思った。私は妻木晩田遺跡の委員会で、現場の発掘調査担当者の言葉に一番感銘を受けた。であれば、テーマに沿って各地の発掘担当者を訪ね歩いて話を聞き、合間に新旧の情報を入れて落差を埋め、私なりに細くても意味ある補助線を引いて、歴史の流れに近いものを確認できないだろうか、と思ったのだ。

本書の第1章〜第4章は、そのような観点から、〝日本古代史最大の謎〟とされる邪馬台国所在地論争の今をルポしたものである。

後半の第5章〜第9章は、古墳時代の始まりから、大宝律令（701年）と『日本書紀』（720年）が成立して日本という国家が誕生する奈良時代前期まで。ここは考古学的成果のみではカバーできないので、私がその著作を読んで多大な影響を受けた古代史学者の大山誠一さん（中部大学教授）へのインタビューから、多くの仮説を拝借した。

門外漢の著した古代史紀行にどんな社会的意義があるのか、自分でもわからない。けれど、数年前の私のように、何かの契機で日本国のルーツに興味を抱いたものの、この分野の情報の洪水に戸惑っている人は案外多いのではないかと思う。本書は、そういう古代史ファンの頭の整理や、次の段階への知的跳躍のために、多少はお役に立つはずである。

激変！日本古代史　卑弥呼から平城京まで　目次

第6章　古代東国の中心地「上毛野」を行く

第7章　「聖徳太子はいなかった」説はホントなのか？

第8章　大化改新の「真相」は？

※文中にクレジット表記のない写真は朝日新聞社提供

第1章

箸墓古墳は卑弥呼の墓なのか

纏向遺跡は古代の東京

新幹線を京都で降り、奈良行きの近鉄特急に乗り換える時、肩から提げたバッグがあまりに重いのに改めて気がついた。

新聞の切り抜きやコピー資料に加え、考古学関係の書籍がギッシリ詰まっているのだ。

これまでこんなにたくさんの本を持って取材旅行に出かけたことはない。

しかし、古代史最大の謎である〝マボロシの邪馬台国《やまたいこく》〟を、一介の古代史ファンがいきなり追いかけるとなると、これくらいの重装備は当然必要かもしれない。馬齢を重ねた末に「日本のルーツ」探しにハマッてしまったのが運の尽きということか。

それにしても、邪馬台国や古代史に関わる人名や語句の難しいことと言ったらない。

奈良県桜井市の纏向《まきむく》遺跡は、容易には読めない漢字だし、その中で一番有名な、墳丘長280メートルに及ぶ巨大な前方後円墳の箸墓《はしはか》古墳の被葬者の名前が、ヤマトトトヒモモソヒメ（倭迹迹日百襲姫）……。

舌を嚙《か》みそうな長ったらしい名前だ。おまけに奇天烈《きてれつ》な漢字でもある。

奈良県桜井市の箸墓古墳。長さ280メートルの大きな古墳だ。宮内庁の陵墓指定のため発掘調査は進んでいないが、邪馬台国論争の大きなカギを握っている

私はルポライターという職業柄、好奇心旺盛な方だが、本の中にこの名前を見つけただけでは読みとばしてしまう。まして、「覚えよう！」などと思わない。

だが、「箸墓＝卑弥呼《ひみこ》の墓」説が、昔から現在まで根強く続いているとなると、話は別である。

箸墓古墳は出現期の最大の前方後円墳で、しかも被葬者は女性。被葬者とされるそのモモソヒメは、第8代孝元《こうげん》天皇の姉で、『日本書紀』の記述から神憑《かみがか》りする巫女《ふじょ》とされていて、『魏志倭人伝《ぎしわじんでん》』の伝える卑弥呼像（「鬼道《きどう》に事《つか》えよく衆を惑わす。（中略）男弟あり、佐《たす》けて国を治む」）にきわめて似ているのである。このため、卑弥呼

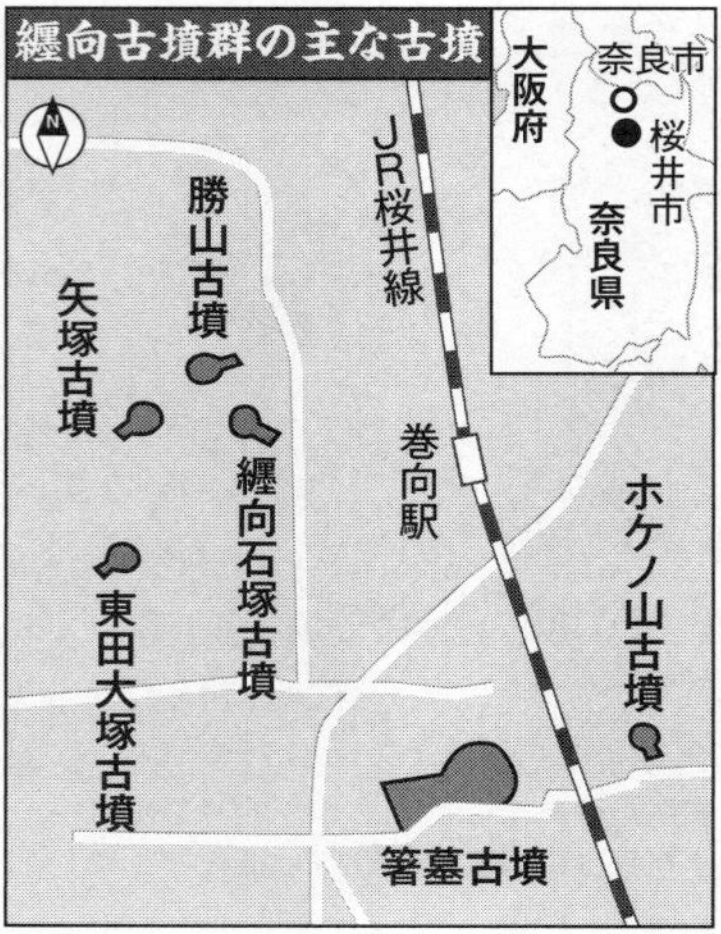

纒向古墳群の主な古墳

をモモソヒメに比定《ひてい》した考古学者の笠井新也が、昭和初期に箸墓古墳を卑弥呼の墳墓と主張して以来、多くの人がこの説を唱えてきた。ただし、モモソヒメは第7代孝霊天皇の皇女でもある。そうだとすると、諸国の首長らに共立されて女王になった（「共に一女子を立て王と為《な》す」）という『魏志倭人伝』の記述と食い違うことになる。死亡後の墓の説明も、「径百余歩」とあって、一歩が約1・5メートルなら百歩で約150メートル、それが箸墓の後円部の直径（約160メートル）に近いにしても、「径」は明らかに円（＝円墳）を示しており、「（前方後円墳の）後円部のみの大きさを記した」とは考えにくい。何より卑弥呼の推定死亡時期（248年頃）と箸墓から出土する土器の年代にズレがあるため、考古学界ではさほど重要視されてこなかった。

さて、最新の考古学では、そうした数々の疑問にどこまで鋭く迫っているのか？

「ふーっ」、私は小さく溜め息をつき、膝の上に改めて箸墓古墳の参考書を広げた。

「もっと先、そう、このあたりまで」

早足で歩いていた桜井市教育委員会文化財課の橋本輝彦さんは急に立ち止まると、道路の脇で両手を広げた。

住宅のちらばる水田地帯にカシやシイの森がこんもりと小山のように茂る箸墓古墳。その前方部、すなわち正面の、古墳から約70メートル離れた地点で、この年（2008年）5月から7月にかけて、幅60～70メートル、深さ約1・3メートルの大規模な外濠《そとぼり》跡が見つかったのである。

「内濠が幅10メートルあり、外側に内堤と外濠が確認されていて、箸墓が二重周濠《しゅうごう》を持つことはわかっていましたが、これほどの規模とは思いませんでした。想定幅の2倍の大きさです」

確かに、幅70メートルといえば、小さな古墳一つが丸ごと収まるほどの規模である。

宮内庁の陵墓《りょうぼ》に指定されている箸墓古墳は通常は立ち入り禁止である。そのため、たまたま隣接地で住宅建設があったのを機会に、桜井市教委が急遽《きゅうきょ》、発掘調査したのだ。

「大きな外濠の持つ意味は何ですか?」

「箸墓のような、当時最大規模の巨大な墳墓を造るには、それだけ多くの土が必要だったということですね。これが一つ。もう一つは、結界のようなもので、人々に近寄り難さを与える大がかりな装置の役目でしょうね」

「被葬者がそれほど偉大だったということですか?」

「その当時としては並外れた力を持っていた人物だったと思います」

「でも、橋本さんは卑弥呼ではないと?」

「残念ながら、ね」

橋本さんは笑いながら車に戻った。

桜井市で、箸墓古墳を含む纒向遺跡全般の発掘調査を担当している橋本さんは、邪馬台国論争に関しては「当然、畿内派」だったが、「箸墓=卑弥呼の墓」論者ではなかった。

理由はやはり、土器編年《へんねん》による年代推定である。箸墓の周濠や内堤から出土している布《ふ》留《る》0式《ゼロしき》と呼ばれる土器の実年代は、「どう考えても紀元270~280年のもので、卑弥呼の没年と推定される240年代にまでは遡《さかのぼ》らない」と言うのだ。

遺物や遺構《いこう》を時期ごとに序列化し、その新旧関係を明らかにする編年は、考古学上の重要な手法だが、日本では土器による編年が非常に発達し、時代別地域別に複雑・精緻な体系ができあがっていて、その体系に照らすと、箸墓は卑弥呼の墓ではないのである。

では、被葬者はいったい誰なのか？　橋本さんは「わからない」と答えた。現時点では、考古学的根拠を示して文献上の誰々とは指し示せない、と言うのである。

2008年の発掘調査で箸墓古墳を囲む幅約70メートルの外濠が見つかった。これまでは前方部が幅約30メートル、後円部が約50メートルと推定されていた。写真はその一部（桜井市教育委員会提供）

「ただし」と橋本さんは続ける。

「3世紀に倭国の中核となる邪馬台国があったとすれば、それはここ、纒向遺跡以外には考えられません」

纒向遺跡は、三輪山系に源を発する纒向川（大和川の支流）の扇状地の北側、東西約2キロ、南北約1・5キロの広大な区域に展開している。だが不思議なことに、数々の縄文遺跡はあるものの、その次の弥生時代の集落跡が見つかっていない。

「竪穴式住居跡《たてあな》がないんです。縄文時代の後期に激しい土石流の堆積《たいせき》があって、それ以後長く放置された荒れ地だったたんですね」

「そんな場所に突然クニができたんですか?」

「ええ。ですから、自然発生的ではなく、非常に強い政治的な意図の下に造られたわけです」

私は橋本さんに、考古学的根拠を挙げてもらった。

①東海・吉備《きび》（岡山県）・山陰など、他地域から搬入された土器が15％から30％を占める（各地から人や文化が流入した）、②水田跡や農具が見当たらず土木用工具が多い（農業に頼らぬ区域だった）、③大きな溝が縦横に走っている（物資運搬用の運河か?）、④住居跡は平屋風住居跡や掘立柱《ほったてばしら》建物跡などやや変わっている（各地域の出先機関が集まっていた?）、そして⑤吉備・山陰の大型墳丘墓や北部九州の墓の形態をミックス、発展させたような巨大な前方後円墳群の出現（クニグニの連合によってヤマト王権が誕生した?）。

「要するに、日本最初の都市だったわけですね。1800年前の東京、というか」

「1800年前の東京」という言葉にはインパクトがあった。現在の緑いっぱいの周囲を見渡しても、実感はないけれど。

「しかし、それなら、『魏志倭人伝』が言う卑弥呼の宮室《きゅうしつ》（宮殿）はどこなんですか?」

「それはこれからです。ごらんのように纒向遺跡一帯は水田と住宅地のため、少しずつしか発掘が進まず、まだ全体の5%程度しか調査されていないんです」

「いずれそうした遺構も出る、と?」

「そう思いますね。2007年の秋、以前発掘した溝の跡の土を土壌分析したところ、当時の超貴重品であるベニバナの花粉が大量に検出されました。中国渡来の染色原料であるベニバナを加工する工房が纒向にあったということですね。これまでの出土を約300年遡る国内最古のベニバナ発見でした。『魏志倭人伝』に、卑弥呼が魏に赤い絹を贈った記述がありますから、その染料として使われたのかもしれない。そういう、中国との密接なつながりを示す驚くような発見も、これからは期待できるんじゃないかと思ってます」

私たちは、纒向遺跡の次の古墳へと向かって走り続けた。

議論百出の邪馬台国論争

ここで、邪馬台国論争についての概要を振り返っておこう。

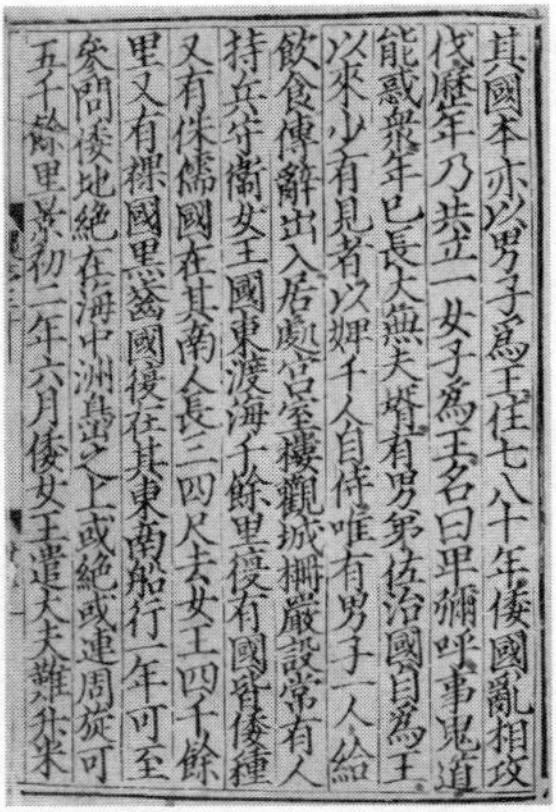
其國本亦以男子爲王住七八十年倭國亂相攻
伐歴年乃共立一女子爲王名曰卑彌呼事鬼道
能惑衆年已長大無夫壻有男弟佐治國自爲王
以來少有見者以婢千人自侍唯有男子一人給
飲食傳辭出入居處宮室樓觀城柵嚴設常有人
持兵守衛女王國東渡海千餘里復有國皆倭種
又有侏儒國在其南人長三四尺去女王四千餘
里又有裸國黒齒國復在其東南船行一年可至
參問倭地絶在海中洲島之上或絶或連周旋可
五千餘里景初二年六月倭女王遣大夫難升米

『魏志倭人伝』。原文通りだと邪馬台国が九州の遥か南の太平洋上にあったことになってしまう。邪馬台国論争の原点ともいえる（宮内庁書陵部所蔵）

〝邪馬台国〟が登場するのは、中国の西晋《せいしん》の陳寿がまとめた『魏志倭人伝』（正確には三国時代の正史『三国志』の中の『魏書』の第30巻、「烏《う》丸《がん》・鮮卑《せんぴ》・東夷伝」のうち、「東夷伝」の最後に出てくる「倭人の条」のこと）である。

なぜ邪馬台国が問題になるかといえば、8世紀に『古事記』と『日本書紀』が編纂《へんさん》されるまでは、文字史料で日本の歴史を知ることができないからだ。『記紀《きき》』の記述を頼っても、せいぜい遡って6世紀初めまでである。

それ以前のことになると、中国の史書を参照するしかない。そんな中で、3世紀当時の日本（倭国《わこく》）に関して約2000字を用いて記録し、「親魏倭王」卑弥呼と、女王の都がある邪馬台国について詳述した『魏志倭人伝』は、日本の古代の姿を垣間見るほとんど唯一の手がかりなのだ。

もっとも、著者の陳寿自身に訪日の体験はなかった。倭国に旅行したことのある中国人の報告書や、魏朝から引き継いだ外交文書を参考に、『魏志倭人伝』を著したのだ。

東洋史学者の岡田英弘氏が『倭国の時代』で述べているところによれば、陳寿が『魏書』30巻の中で他の地域の異民族の国々について「伝」を残していないにもかかわらず、唯一東方について「烏丸・鮮卑・東夷伝」を記したのは、陳寿に明確な意思があったからだ。陳寿のパトロンの張華が活躍したのが東方地域だった。その張華が仕えた司馬昭の父親、後に魏朝を滅ぼし晋朝の実質的創立者となる司馬懿《しばい》の最大の軍功というのが、朝鮮半島の楽浪郡《らくろう》、帯方郡《たいほう》に進出していた公孫《こうそん》氏の征伐だった。司馬懿が公孫氏を倒したおかげで、遠い異国の倭の女王卑弥呼は魏に朝貢《ちょうこう》することができた……。つまり、『魏志倭人伝』の記述は、司馬懿の功績を称揚するべく、かなりの政治的バイアスがかかっていると見るべきだ、と言う。そうした背景もあってか、『魏志倭人伝』には不正確な箇所が少なくない。

邪馬台国論争の中核をなすそもそもの所在地の問題からして、そうである。

邪馬台国への道筋は、帯方郡（現在のソウル市付近）から狗邪韓国《くやかん》（釜山市付近）を経て海を渡り、対海国（対馬《つしま》国の誤り、長崎県対馬）、一大国（一支《いき》国の誤り、長崎県壱岐《いき》）、末盧《まつら》国（佐賀県唐津市付近）、伊都国《いと》（福岡県前原市《まえばる》＝現・糸島市付近）、奴国《な》（福岡県福岡市・春日市付近）、不弥国《ふみ》（福岡県宇美町《うみ》付近か飯塚市）へと至る。ここまではさほど異論が出ない。

問題はその先の、「南へ」「水行二十日」の投馬国《つま》の位置と、さらに「南へ」「水行十日、陸行一月」の邪馬台国の位置（出発点の帯方郡からは「1万2000余里」の距離）だ。

記述通りに進むと、九州を通り抜け、太平洋上に行ってしまう。

そこで明治時代の京都大学の内藤虎次郎と東京大学の白鳥庫吉《くらきち》の対立以来、畿内説（内藤）は方角を間違い（「南」を「東」と見なして読む）とし、九州説（白鳥）は距離を間違い（距離の計算を恣意的に短く解釈）として、論戦を繰り広げてきた。その後も甲論乙駁《こうろんおつばく》・百家争鳴の論争が続いたが、所詮は水かけ論だった（『魏志倭人伝』は倭国の位置を「会稽《かいけい》・東《とう》冶《や》の東」〈浙江省から江蘇省にかけての東方〉と書き、産物・風俗を「儋耳《たんじ》・朱崖《しゅがい》」〈海南島〉に似ている、と書いている。これでは、台湾あたりから南に延びている、ということになり、非常に奇妙な認識だ。けれどもこの記述は、先の岡田氏の政治的バイアス説によれば、倭国は魏の敵である呉の背後に存在している戦略上非常に重要な国である。だから、その倭国の朝貢を可能にした司馬懿の功績は偉大だ、となり、それなりに合理性を有することになる）。

水かけ論の状況を打破したのは、1950年代に考古学者の小林行雄が唱えた同笵《どうはん》鏡《きょう》論である。

同笵鏡とは同じ鋳型で造られた銅鏡のこと。小林は同笵鏡の中の三角縁神獣鏡《さんかくぶちしんじゅうきょう》に着目した。銘に「正始《せいし》元年（240年）」などの中国の年号があったからだ。小林は、『魏志倭人伝』に記載されている、景初《けいしょ》3年（239年）に卑弥呼が魏の明帝より下賜された「銅鏡百枚」も三角縁神獣鏡だったのでは、と考えたのである。

98年に奈良県天理市の黒塚古墳で発掘された三角縁神獣鏡。中国製を示唆する銘文入りのものもあった

三角縁神獣鏡は、近畿地方の古墳から大量に出土し、その分布は遠く関東から九州にまで及んでいる。卑弥呼をいただく邪馬台国が、勢力を拡大し支配圏を確保するため、中国渡来の貴重な祭器である銅鏡を全国の首長らに分け与えたのではないか？ 数百面に達する三角縁神獣鏡の数も、卑弥呼や後継者壱与《いよ》（台与《とよ》）の複数回の遣使を考えれば説明可能……。

従来の所在地論争に距離を置き、あくまで銅鏡という遺物から畿内説に到達する小林の方法は説得力があった。以後、考古学者の間に畿内説が増え、同笵鏡はその強力な論拠となった。

その後、1981年に中国人の考古学者が「件《くだん》の銅鏡は呉の亡命者が倭国で作ったもの」と唱え畿内説が後退したり(三角縁神獣鏡の中国からの出土例はない)、89年に佐賀県の吉野《よしの》ケ里《がり》遺跡で環濠《かんごう》集落が発掘されて九州説が勢いづいたり(『魏志倭人伝』にある「楼観《ろうかん》、城柵《じょうさく》」跡?などが出土)、98年には奈良県天理市の3世紀末の黒塚古墳から33面の神獣鏡が発見され畿内説が盛り返したり(卑弥呼に近い時代の畿内から大量出土、ただし扱われ方はぞんざい)と、考古学主導の振幅が繰り返されてきたが、畿内説の主柱だった同笵鏡論は次第に力を失いつつある。

現在では、三角縁神獣鏡は倭国内で作られた葬送用(辟邪《へきじゃ》や神仙思想)の鏡ではないか、と見る意見が多い。

しかし、それにもかかわらず、現在の考古学界は圧倒的に畿内説が優勢である。邪馬台国の有力候補地である纒向周辺で、今回の大規模な外濠跡のような発掘調査が相次いでいる上に、近年、大和盆地の前方後円墳の出現時期を早く見る研究が矢つぎ早に発表されているからだ。

纒向遺跡から出土した土器。前のほうの中央の３点が大和産で、ほかは東海、北陸、近江、河内、阿波、吉備、山陰産のもの（桜井市教育委員会提供）

最新測定法と実年代

最近考古学界を揺るがせたそんなビッグ・ニュースの一つに触れておこう。

２００８年5月、国立歴史民俗博物館の研究チームが日本考古学協会総会で、箸墓古墳出土の布留０式土器をＡＭＳ（加速器質量分析法）を使った炭素14年代測定法で測った結果、これまで考えられていたよりも数十年古い「3世紀半ば」と判明した、と発表した。

箸墓古墳は陵墓に指定されているため発掘調査ができないが、指定範囲からはずれた古墳外縁部は調査可能で、布留０式土器はそんな外縁部から出土した土師器《はじ》。従来は3世紀後半から4世紀初頭の年代が当てられていたが、「3世紀半ば」となると、没年が248年頃と見なされている卑弥呼の死亡時期と一致することになる。

炭素14年代測定法とは、生物が体内に取り込んだ炭素14が、その生物の死亡と共に一定の割合で放射線（β《ベータ》線）を出しながら減少していく（5730年で半減する）性質を利用し、残留している炭素14の濃度からその生物試料が何年前のものかを算出する年代測定法。かつては放出する放射能を測ったので正確さを欠いたが、原子の数を測定するAMSの登場で俄然《がぜん》精度を増したのだ。

歴博の研究チームは、2003年5月、「水田稲作を伴う弥生時代の開始は、定説より約500年早い紀元前10世紀頃」という衝撃的な研究発表を行ったのと同じチームである。今度は、邪馬台国問題で焦点となっている箸墓古墳の築造時期（弥生時代末~古墳時代初め）に炭素14年代測定法を持ち込み、論争に決着をつけようというのだろうか？

これまで、弥生時代の実年代の確定は難しく、土器編年では相対的な年代しか知り得ないため、共存する中国製青銅器などを通じて中国の歴史年代を基準にしてきた。それが炭素14年代測定法によって直接遺物から絶対年代に到達できるとなると、一大変革になる。本当に3世紀半ばなら、箸墓はやはり卑弥呼の墓なのか？

「卑弥呼の墓とは言ってません」

奈良訪問の前に千葉県佐倉市の歴博を訪ねた際、藤尾慎一郎教授は笑って言った。

「箸墓古墳の布留0式土器に付着した炭化物を測定した数値を、日本産樹木年輪資料の炭素14年代から構築した較正《こうせい》曲線と照合したところ、3世紀半ばと考えるのが合理的だと、そう判断したんです。〝絶対に3世紀半ば〟と判断したわけじゃない」

チームとしては古墳時代の開始時期に関心があったのであり、邪馬台国論争に参加しようという意図はないと言う。

ちなみに、較正曲線とは、時代ごとに宇宙線の強弱で変動する炭素14の発生量を補正するため、木材の年輪などをもとに作成された曲線。欧米で作られた国際較正曲線は日本国内では誤差があるので、日本版較正曲線を歴博が作っている最中なのだ（未完成の段階なので、〝断定できない〟となった?）。

「土器付着炭化物とは何ですか?」

私は実際の測定を担当している同席の坂本稔准教授に尋ねた。

「外側は食べ物の吹きこぼれや燃料の煤《すす》など、内側は主に食べ物のお焦げですね。試料の6割がそうした炭化物で、残り4割が木炭や植物の種、炭化米などです。これまでに20

00点ほど測定してきました」

「箸墓の試料の数はどのくらいですか?」

「合計すれば約40点です」

「炭素14の測定法には、緯度の差や海洋の影響など、地球上の位置によって放射性炭素の濃度が違うとか、弥生時代には300年近く炭素14年代が一定値を示すために較正できない時期があるとか、批判的な意見も多いんですが?」

藤尾さんが返答を引き取った。

「批判には我々も対応しています。大気中の炭酸ガス(炭素14を含む)の攪拌《かくはん》は非常に速いから濃度に偏《かたよ》りはないと確認しましたし、較正できない時期の問題は、日本の誇る土器編年をむしろ積極的に利用することで、年代を絞り込めると考えてます。ともあれ日本版較正曲線を整備していき、測定点数を増やしていけば、いずれ考古資料の大半を実年代で示す日がくると思いますよ」

古代の遺物の年代を炭素14を使って測定することは、今や世界の趨勢《すうせい》になっていると最後に藤尾さんは付け加えた。

奈良県の桜井市立埋蔵文化財センターで橋本さんに会った時に、もちろん歴博発表の

「3世紀半ば」報告についても聞いてみた。

「歴博の分析対象の土器は、ウチからも提供してるんですが……」

橋本さんは言いながら、首を捻《ひね》った。

「もう少し、各試料の吟味をしないと……。限られた点数での分析結果だけでは、私らはまだ抵抗感がありますね。いくら炭素14による測定法が世界の趨勢だと認めていてもね」

研究室と発掘現場では、吹いている風がかなり違うようだった。

第2章

卑弥呼から始まる？ヤマト王権

卑弥呼の居館

宮内庁によってヤマトトトヒモモソヒメ（倭迹迹日百襲姫）の墓（大市墓《おおいちぼ》）とされている奈良盆地の箸墓《はしはか》古墳は、前述のように日本最初の巨大前方後円墳であり、卑弥呼《ひみこ》の墓とも伝えられる。

『日本書紀』には、その箸墓の名称起源と造営について、奇妙な話が載っている。

〈モモソヒメは三輪《みわ》のオオモノヌシ神の妻となったが、いつも夜しか夫が訪れないので、〝顔を見たい〟と伝える。夫は翌朝、ヒメの櫛《くし》箱の中にいるから驚かないでと言うが、箱を開けたヒメは夫が小さな蛇であったことに驚き、叫んでしまった。人間の姿に戻ったオオモノヌシは、怒って三輪山に戻って行った。ヒメは後悔し、落胆し、坐ったとたん箸で陰部《ほと》を突いて死んだ。

ヒメは大市に葬られた。その墓を箸墓という。墓は、昼には人が作り、夜は神が作った。大坂山の石を、人々が手渡しして作った〉

話の骨格自体は、化身の神が乙女と結婚するという神婚伝承で、海外にも類例の多い神話パターンだ。ところが、乙女は神の子を産むわけではなく、事故死か自殺同然に急死する。そして、その死を悼《いた》んで、クニを挙げ前代未聞の巨大な墳墓が造られる……。

不思議な物語である。

『日本書紀』は、「神功皇后《じんぐう》＝卑弥呼」説を採っているので、これを卑弥呼の話としているわけではないが、〝天皇（大王）の姉妹にして強力な巫女《ふじょ》〟という卑弥呼にそっくりのモモソヒメの属性を思うと、この話には卑弥呼を巡る何かの謎が潜んでいる気もする。

もっとも、佐原真著『食の考古学』によれば、神話中の多くの使用例にもかかわらず、古墳時代に箸が使われた証拠はない。当時の食事は一般に手づかみで、箸の考古学的普及は7、8世紀になってからだそうだ。

奈良県で纒向《まきむく》遺跡（桜井市）と唐古《からこ》・鍵《かぎ》遺跡（田原本町《たわらもと》）を見学した後、私は池上曽根《いけがみそね》遺跡を見るため、大阪府和泉市まで足を延ばした。

池上曽根遺跡は唐古・鍵遺跡と同じく、畿内では弥生時代最大級の環濠《かんごう》集落。卑弥呼の登場する前の拠点的なムラであり、「弥生都市」という見方もある。

遺跡は、約11・5ヘクタールのうち中心部の約3・5ヘクタールが池上曽根史跡公園として整備され、国道26号沿いに広がっていた。

広場の周辺に数棟の復元建物が立っている。正面奥の長大な葦葺《かやぶ》きの屋根を持つ高床式の建物が、有名な〝いずみの高殿〟だ。長さ19メートル、幅7メートル、床の高さ4メートル。出土した土器片の絵を参考にして復元され、神殿または首長の居宅と目されているが、私はなぜか、以前訪れたボルネオ島ルングス族のロングハウスを思い出した(後日、井上章一著『伊勢神宮　魅惑の日本建築』を参照すると、当初は宮本長二郎氏の伊勢神宮本殿風の復元案だったが、それだと構造上の問題点が出てくることになり、浅川滋男氏の東南アジア・オセアニア風の高床建築案になったという。なお、浅川氏個人は、神殿ではなく集会所ないし共同作業場と捉え、四面開放の平屋建築を主張したそうだが、主催者側の和泉市に押し切られた由。私は中に入った時の違和感からして、四面開放の平屋建築の方がよかったのでは、と感じた)。

他に、直径約2メートルのクスノキの刳《く》りぬき井戸や、弥生時代当時は先端産業だった青銅器の工房跡などもある。ただし環濠の内外にある墓は、穴を掘っただけの土壙墓《どこうぼ》や溝をつけた方形周溝墓《ほうけいしゅうこうぼ》だった。前方後円墳と比べると段違いに小規模な墓ばかりだ。

公園近くに大阪府立弥生文化博物館があった。弥生文化専門の博物館で、ここにお目当ての〝卑弥呼の館〟の模型が展示されている。

『魏志倭人伝《ぎしわじんでん》』によると、女王になってからの卑弥呼の姿を見た者はなく、女の召使1000人が侍《はべ》り、夫はおらず、男一人が給仕や伝言で出入りしていて、その居る所は「宮室《きゅうしつ》、楼観《ろうかん》、城柵《じょうさく》を厳《おごそ》かに設け、常に人あり、兵を持《じ》して守衛す」とある。

復元された卑弥呼の館。中央の三角屋根の建物に卑弥呼がいる（大阪府立弥生文化博物館提供）

館内の50分の1の模型は、そんな『魏志倭人伝』の描写を反映して精巧に作られていた。展示台の上いっぱいに外濠と丸太柵を巡らせた卑弥呼のムラ（都？）が広がる。ムラには庶民の竪穴式住居が並び、賑わう市がある。〝卑弥呼の館〟は、内濠とさらなる方形の柵の中にあり、政治や裁判を行う政庁、魏の使者らと会う接見の間、物見櫓《ものみやぐら》、兵士の宿舎などが配置されている。どの人形も表情や動作が溌剌《はつらつ》とし、よくできていた。

兵士が警備する卑弥呼の〝宮室（宮殿）〟

は館《やかた》のさらに奥にあって、厳重な板塀に囲まれ、公的空間と私的空間に分かれている。前者は祭殿や神殿など。後者は居宅だ。

古墳時代の支配者の居館はムラから離れ独立しているが、弥生時代にはまだムラの中にあった。それは知っていたけれど、このように何重もの柵で隔てられているとは思わなかった。厳重すぎて幽閉されているように見える。これが歴史上、最初に名前を知られた日本人の住まいだったのだろうか？

博物館の説明文には、「〃卑弥呼の館〃の模型の製作には、佐原真、都出《つ で》比呂志、宮本長二郎氏のご指導を得た」とある。製作当時の考古学界や建築史学界の最有力のメンバーである。

故・佐原真氏は『魏志倭人伝の考古学』の中でこの件に触れ、「卑弥呼の邸宅は、村から独立しており、基本的に四角い平面形をもっていたと思う」と記している。支配者の居住する区画は、吉野ケ里遺跡では曲線だが、近畿の諸遺跡では直線的で四角いのだ、と。前述の井上氏の著書によると、復元模型を指導した宮本長二郎氏は、卑弥呼の神殿や居館を伊勢神宮本殿風から回縁をはぶいた形式、あるいは東西の両宝殿風にこしらえたという。居館の中郭柵は伊勢神宮の玉垣に、内部塀は瑞垣《みずがき》に見立てたのだ。しかし、このような建物群が紀元3世紀に本当にあったかどうかはわからない。もしかすると、池上曽根遺跡の〝いずみの高殿〟のような、きわめて南方風の建物ばかりが弥生時代から引き続き立っていたのかもしれない。

ところで、人形の中で一人だけ顔の不明な人物がいた。祭殿の窓から半身を覗《のぞ》かせている卑弥呼である。白い上衣と赤い下衣が目に鮮やかだが、いくら台の前で屈《かが》んでも、簾《すだれ》に隠れて顔が見えない仕組みだった。

模型群の背景にごく自然に設置してある纒向の三輪山の大きな写真パネル（博物館側はもちろん「邪馬台国＝畿内説」ですよ、という意味か？）と共に、なかなかうまい展示法だと思った。

鉄の争奪から生まれた王権

奈良大学教授で大阪府立近《ちか》つ飛鳥《あすか》博物館館長の白石太一郎さんは、現在の代表的な畿内説の考古学者である。

白石さんは常々、考古学と文献史学の協業を唱えてきた。しかも「箸墓＝卑弥呼の墓」

説、「卑弥呼＝モモソヒメ」説に賛同する。

「モモソヒメは三輪山の神に仕える巫女で天皇の姉妹です。『魏志倭人伝』の伝える卑弥呼像に重なります。そして箸墓古墳は3世紀末頃の築造とされてきたけど、古墳から出土した銅鏡の研究が進んで築造期がドンドン早まってきました。であれば、卑弥呼の墓である蓋然性《がいぜんせい》も高いと考えられます」

白石さんは箸墓の築造時期を260年頃と見る。造るのに10年はかかるはずなので、その時期なら卑弥呼の没年とされる248年頃とピタリと合う。

「今年（2008年）5月の歴博（国立歴史民俗博物館）の〝炭素14年代測定法では、箸墓で出土した土器は3世紀半ば〟という発表も、白石説にとって追い風ですか？」

「心強いですけどね。でも、私は炭素14にはまだ慎重なんです。今は炭素14年代測定法を使わなくても、従来の銅鏡分析などの方法で充分に対応できますよ」

『魏志倭人伝』の邪馬台国問題については、白石さんは著書で何度も強調しているように、単なる所在地問題ではないと言う。

邪馬台国《やまと》（白石さんは〝やまと〟と読む）を盟主とする倭国連合が畿内にあったとすれば、それは後に律令国家を作った大和朝廷につながるということであり、それは取りも直さず皇室の祖先へとつながる。一方、北部九州にあったとすれば、それが3世紀末の前方後円墳体制に収斂《しゅうれん》するためには、畿内勢力による北部九州の制圧、もしくは九州勢力の東征や東遷があったことになる。

要は、日本列島の国家的統合の形成過程をどう考えるか、という問題なのだ。白石さんは長年、古墳の形状や時期や分布を分析・研究して歴史の変化を跡付けてきた。

「初期の前方後円墳の分布を見ると、大型古墳は箸墓を中心に畿内に集中しており、次いで吉備（岡山県）、次いで瀬戸内海側の北部九州です。そして、九州勢力の東征・東遷を物語るような考古資料は存在しません。以上のことから、政治連合がまず畿内にあったことは明白であり、九州説はあり得ないと思います」

『魏志倭人伝』や『後漢書東夷伝《ごかんじょとういでん》』は、2世紀後半に「倭国大乱」があったと記している。大規模な争いは、連合の首長らが卑弥呼を女王に立てることによって収まった。

白石さんによれば、邪馬台国の卑弥呼を「共に立てた」この政治連合こそがヤマト王権、つまり事実上の最初の倭国であり、その成立は出土する中国鏡の年代から3世紀初頭と見る。

「倭国大乱の理由は何でしょうか？」

「朝鮮南部の鉄資源や中国の銅鏡など、当時の先進的な文物の輸入を巡る支配権争いだと私は考えています」

「畿内が九州に闘いを挑んだ？」

「近畿・瀬戸内海の連合戦力が、きわめて重要な物資になっていた鉄を求め、長く輸入ルートを独占していた伊都《いと》国・奴《な》国などの玄界灘沿岸勢力と闘ったんですね」

「それを証明する考古学的根拠はありますか？」

「考古資料はありません。ですが、それまで北部九州中心だった中国鏡の分布域が、この時期を境に畿内中心の分布に変わるという大変化があります。私はそれを近畿連合勢力の勝利の結果だと思う」

「その闘いの後のヤマト王権でなぜ邪馬台国が盟主になったか、という点については？」

「まず重視されたのは、卑弥呼の呪術的能力の高さと権威でしょう。彼女は非常に優れた宗教的指導者でした。『魏志倭人伝』の記述からも、それはうかがえます。もう一つは、邪馬台国のあった奈良盆地の纒向周辺の地理的条件です。大和川水系の上流域ですから、古代のハイウェイである瀬戸内海航路の終着地でした。同時に、いまだ群雄割拠《ぐんゆうかっきょ》していた東日本への玄関口だったんです」

白石さんの仮説では、30カ国近い西日本のクニグニを束《たば》ね、前方後円墳という新しい墳墓を生んだヤマト王権は、卑弥呼の死と共により広域なヤマト政権へと変貌する。広域というのは、卑弥呼時代に対立していた「東方」の狗奴《くな》国（白石さんによれば濃尾平野にあったクニ）連合が、卑弥呼の死後、ヤマト王権の倭国連合に服属したからだ。

纒向遺跡の全景。ここが邪馬台国？　箸墓古墳は中央右上、正面奥の黒っぽい山が三輪山（桜井市教育委員会提供）

　ヤマト政権の版図《はんと》はこの再編によって飛躍的に拡大した。卑弥呼の死を契機に、呪術的色彩が薄れた政権は、配下のクニグニの同盟強化のため、画一的な大古墳の造営を推進する。東北南部から九州南部まで列島各地に同じような形状・墳制の前方後円墳が造られる古墳時代の、本格的な到来である。

「ということは、初期のヤマト王権以来、今日の天皇家につらなる中枢がずっと存在し続けたということでしょうか？」

「そうじゃありません。『記紀』の描く一つの王家の連綿たる王位継承などなかった。ヤマト王権や政権を支える複数の有力集団から、交替で王位につく者が現れたんです」

白石さんの説は、仮説としては理解しやすかった。

リーダーシップは吉備がとった

畿内説の考古学者で、もう一人、強い影響力を持つ論客が、奈良県立橿原《かしはら》考古学研究所の総務企画部長の寺沢薫さんだ。

寺沢さんの説では、3世紀初めの纒向遺跡に、卑弥呼を共立した倭国の王都が突然出現した。その新しい政体をヤマト王権と称する。

白石さんの説と似ているのでは？

「いや、私は、邪馬台国というクニがあって、そこの女王の卑弥呼が倭国連合、つまりヤマト王権の王になった、とは思わない。ヤマト王権とは、邪馬台国を盟主とした政権とはまったく別の新政権なんです」

寺沢さんは静かに断言する。

県職員として長年、纒向遺跡の発掘調査に携わってきた寺沢さんは、基盤となる大規模な弥生集落を持たなかった纒向の地が、突如として初期前方後円墳の密集地となったのは、そこが西日本のクニグニによって倭国の王都として建設された新しい都市だったからだ、と言う。

「では、卑弥呼というのは？」

「たまたま〝邪馬台《やまと》〟と呼ばれた纒向の地にいた、強力な呪力を持つ女性です。彼女がある日突然、倭国王に祭り上げられた」

「卑弥呼は邪馬台国の女王では？」

「『魏志倭人伝』は、卑弥呼を〝親魏倭王〟や〝倭の女王〟としていますが、〝邪馬台国の女王〟とは記述していません」

私は慌てて、『魏志倭人伝』現代語訳の冊子をめくってみた。なるほど、「邪馬台国の女王」という語句はない。「女王の都」が「邪馬台国」にある、とされているので、「女王国」をすなわち邪馬台国、と思い込んでいたのか？

「そうです。邪馬台国はあくまで〝女王の都がある所〟なんです。通常のクニだったかどうか疑わしい。私は倭人伝の著者の陳寿が勝手にクニと解釈したにすぎないと思ってますけどね」

寺沢さんによれば、纒向遺跡（＝邪馬台〝国〟）は、総延長2・6キロに及ぶ運河を利用した大土木工事で短期間に一気に完成した。

近畿、吉備、東海、山陰などから人々が集結し、大市（『日本書紀』の海柘榴市《つばきいち》、現在の纒向遺跡の南付近？）は賑わい、鉄滓《てっさい》の出土などから金属器の生産も行われた。

大型建物跡はまだ未発見だが、小規模ながら神殿に似た建物跡も見つかっている。

しかし、このヤマト王権の権力母体は畿内勢力ではなかった、と寺沢さんは考える。

「王権のシンボルは前方後円墳ですが、箸墓より古い初期のもの、例えばホケノ山古墳を見ると、埋葬施設の構造は吉備や阿波のそれに近い。古墳の上部で首長霊継承の祭祀《さいし》を行った痕跡がありますが、それはもともと北部九州や吉備、出雲のマツリで、畿内では行われていなかった。纒向型前方後円墳の形状そのものが吉備や出雲の大型墳丘墓の発展型と考えられるし、私は倭国連合であるヤマト王権のリーダーシップをとったのは、吉備ではなかったかと思っています」

白石さんも吉備などの勢力は重視していたが、寺沢さんはむしろ吉備勢力が中核と見るのだ。

「西日本のクニグニが卑弥呼を王に仕立て、新たにヤマト王権を作らざるを得なかった理由とは何でしょう?」

「2世紀後半から3世紀にかけて、大陸では黄巾《こうきん》の乱や北方民族の侵攻で後漢が急速に衰退します。その結果、倭国の大陸文化受容の窓口であり、倭国の中で頭一つ抜けていた北部九州の伊都国が失墜し、倭国は大変に混乱しました。いわゆる倭国大乱です」

「倭国大乱の原因は鉄の争奪戦ではなかったのですか?」

「私は鉄が原因とは思いません。畿内と北部九州が闘った大規模な戦乱の痕跡はないし、大乱後の3世紀前半まで、鉄器の出土量は北部九州の方が断然多い。大乱は、かつての大陸交易の均衡が崩れ、右往左往した状態を指していると思います」

「それで、倭国側に危機感が生じた?」

「後漢の衰退に乗じて南満州の軍閥の公孫《こうそん》氏が朝鮮半島に侵攻し、東アジアの政治地図が変わったのです。倭国は一致協力して激動する国際情勢に対応する必要があった。だから、ヤマト王権の誕生というのは、ちょうど明治維新のようなものなんです、古代のね」

アノ簾で顔の見えなかった神に仕える巫女の卑弥呼が、実は地方勢力主導の〝古代の明治維新〟の立役者だったとは……。

「では、箸墓古墳の被葬者は？」

「私は270年前後の築造と考えているので、卑弥呼とは思わないんです。卑弥呼の墓があるとすれば、纒向遺跡で箸墓に先行する六つの墓のうちのどれか一つかな。箸墓は、年代的には台与《とよ》か、あるいはその後の有力な男王の墓だと思いますね」

念のために歴博のAMS炭素14年代測定法について聞いてみると、「重要な研究手法であり、歴博の努力はわかるが、現状では個別試料によって出てくる数値にあまりにもバラつきがある。まだ10年、20年単位の議論をするまで成熟していないのではないか」ということだった。

私は、ヤマト王権（マボロシの邪馬台国？）の実現に吉備や出雲が大きな役割を果たしたのなら、ぜひそれらの土地を訪ねてみたいと思った。

第3章

邪馬台国のルーツ、吉備と出雲

吉備の〝偉大な王〟

岡山市西方の足守川《あしもりがわ》は、岡山市と倉敷市の境界となって瀬戸内海へ注ぐが、さほど大きな川ではない。

この川の下流域の幅2～3キロの沖積《ちゅうせき》平野が古代の吉備《きび》の中心地だった。大規模な弥生集落や大型墳丘墓《ふんきゅうぼ》、前方後円墳などの重要遺跡がこの一帯に集中している。

その中でもっとも有名な倉敷市の国指定史跡の楯築《たてつき》弥生墳丘墓は、田園地帯に浮かぶ島のような小高い丘の上にあった。2世紀半ばから後半にかけての築造で、奈良の箸墓《はしはか》古墳など、後の前方後円墳の原形と見なされている墳墓だ。

「岡山には吉井川、旭川、高梁川《たかはし》というもっと大きな川があるのに、どうして足守川流域が吉備の中心になったんですか？」

私が墳丘の頂上から水田を眺め渡しながら聞くと、岡山大学准教授の松木武彦《まつぎ》さんはジーンズのポケットから手を抜いて答えた。

「大河の氾濫《はんらん》は当時の人の手に負えませんでした。足守川くらいがちょうど最適なサイズ

楯築弥生墳丘墓の発掘（1979年３月）

だったんです」

なるほど、と思った。いくつかの集落跡を含む川の周辺の「我が領地」が、視界の中にスッポリと収まる。被葬者がなぜこの場所に墓を造ったのか、感覚的にだがわかる気がした。こぢんまりとした〝古代のサイズ〟なのだ。

「それと、瀬戸内海の海運ですね。２キロほど南が当時は海岸線で、足守川の船着き場と考えられる施設跡、鉄器やガラス製品の工房跡、たくさんの竪穴住居や掘立柱《ほったてばしら》建物跡などが見つかっています。２世紀当時の瀬戸内では最大級のムラがこのあたりにあって、国内はもちろん、大陸とも積極的に交易を行っていたんです」

視覚的には「こぢんまり」としているように見えても、対外交易を仕切っていた楯築墳丘墓

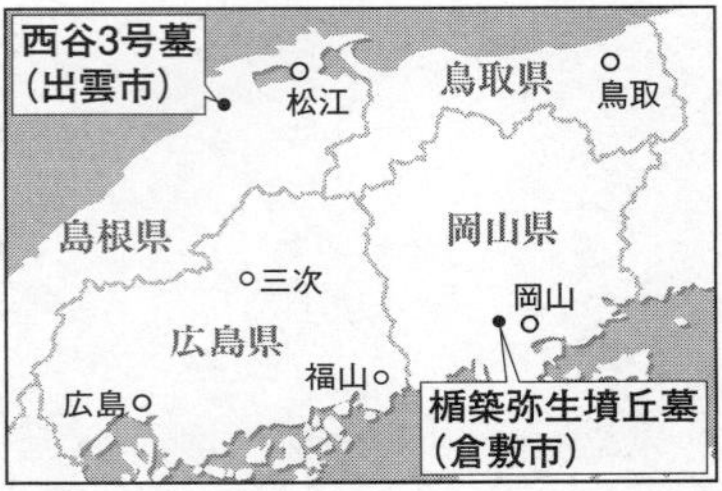

の被葬者の権力は絶大で、その支配は吉備全体に及んでいたのだ。

「単なる首長ではなく、王の中の王です。そうでないと、この規模の墓は造れません」

私は改めて墳墓を振り返った。

直径約40メートル、高さ約5メートルの円形の墳丘に、長さ約20メートルの方形突出部が南北（北側は欠損）に付いている。墳丘長約80メートルは当時としては全国最大の規模である。方形の突き出し二つを持つ円墳である双方中円墳という形状は、方形が一つ余分なだけで、後の前方後円墳にかなり近い形だ。

平坦な墳丘の頂上部には、高さ3メートルほどの巨石が五つ（うち2個は倒壊）、環状に並んでいる。縄文時代の環状列石《ストーンサークル》に似ているが、弥生時代のストーンサークルは他に例がない。

南側突出部には給水塔が建っていた。その脇の収蔵庫に、かつて楯築神社があった時の御神体が納まっている。さしわたし約90センチ、厚さ約35センチ、重さ約350キロの白っぽい石に複雑な帯文様が彫り込まれ、先端に浮彫の「顔」が刻まれた弧帯文石《こたいもんせき》。同様の文様の木製品が、箸墓古墳のある纒向《まきむく》遺跡からも出土していて、私は桜井市埋蔵文化財センターの資料室で見たことがあった。

楯築弥生墳丘墓の墳頂部に並ぶストーンサークル（著者撮影）

そして、巨石が立つ広場中央の埋葬施設。小石の下の木棺からは玉類と鉄剣が見つかった（後の前方後円墳の副葬品のような銅鏡や大量の武具、農具などは入っていなかった）。遺骸の頭部の上方の丸石の下からバラバラに壊された小形の弧帯文石も出てきたが、圧巻は棺の底に敷かれた32キロもの水銀朱（辰砂《しんしゃ》から得た硫化水銀）だった。弥生時代から埋葬施設で使われ、防腐用あるいは神仙思想、また生命の再生などの解釈がなされているが、理由は定かではない。いずれにせよ、当時の先進地域の北部九州の首長たちの墓でもわずかしか使用されなかった貴重品が、惜し気もなく使われていたのだ。

楯築弥生墳丘墓から出土した高さ約1.1メートルの特殊器台（岡山大学考古学研究室提供）

しかも埋葬の後、同じ場所で、弥生時代の青銅器のマツリ（共同体の穀霊祭祀《さいし》）ではなく、新しい墳墓のマツリ（首長霊継承の祭祀）が行われた。多くの小型土器片も見つかっていて、同時に共飲共食が行われたことは間違いない。

この時儀式で使われた、丹《に》（赤色顔料）で赤く塗ったり繊細な文様を刻んだりした特殊器台というお供え用の台や、その上に載せる幅広の口縁部を持ち底部に孔《あな》の穿《うが》たれた特殊壺は、後に奈良盆地の箸墓古墳や西殿塚《にしとのづか》古墳からも出土し、やがて埴輪《はにわ》へと進化して行く。つまり、前代未聞の趣向を凝らした大墳墓が2世紀中葉の吉備に突如出現し、約100年後、その中のいくつもの要素が卑弥呼《ひみこ》の時代の前方後円墳へと受け継がれたのだ。

「想像してみて下さい」

松木さんが私に言った。

「丘の上に、こんな支配者のモニュメントができた時の、仰ぎ見たムラの人々の思いはどんなものだったでしょうね？」

私は想像してみた。桁外《けたはず》れに大きな墓は、自分と被葬者の圧倒的な力の差を見せつける。けれども、被葬者が自分たちの共同体の代表者なら、それだけではなく誇りに似た気持ちも抱くかもしれない。

「個人の地位を墓で表現する風習は本来大陸のものでした。その風習が2世紀頃、日本海側の山陰にまず伝わり、山を越えて吉備にも伝わった。そして、支配者が墓を通じて自らの力を誇示する行為と、それを熱烈に支持する人々の意思が合わさり、次の時代、巨大古墳を生み出す原動力になったんだと思います」

「人々が楯築の王を支持したのは、やはり鉄への強い欲求があったからですか？」

「私はそう思います。石の入手は近距離の交易でまかなえるけど、鉄はそうじゃない。6世紀に列島各地で製鉄を始めるまで、私は鉄の国内生産は実際はもっと早かったと思いますが、朝鮮半島南部の鉄資源に頼るしかなかった。一方、弥生後期に気候が寒冷化し、農耕の条件が厳しくなって、農具や工具としての鉄の重要性が増した。農作業第一の一般庶民としては、より有力な権力者に外交・軍事を任せ、鉄の交易のパイプを太くした方が自分たちに有利になります」

松木さんは、基幹資源が石から鉄へと交替し、鉄資源の争奪が起きたことが弥生時代を終わらせ古墳時代到来を招いた、と考える。

その点では前に訪れた奈良大学の白石太一郎さんと同じだが、白石さんのような鉄輸入を巡る近畿連合対北部九州の戦争説は採らず（実証する考古資料がないため）、各地域で争奪競争が激化した結果、特定の首長への権力集中が進んだ、と見る。

「でも、なぜ吉備で、楯築の王のような圧倒的権力者が現れたんでしょう？」

「それは吉備が田舎だったからだと思いますね。現に、以前から鉄製品が普及していた北部九州では、王はいたけれど大きな墓は造られず、広域の権力者も生まれなかった。その必要がなかったからです。日本海側の鉄輸入の玄関口だった山陰と比べても、吉備は格段に後背地でした。情報は入るけれど、鉄は容易なことでは手に入らない。それでいっそう、〝偉大な王〟への依存が高まったんだと思います」

弥生末期の吉備は、ヤマト王権の成立に多大な影響を与えたが、逆に古墳時代に入るとヤマト王権の強い影響を受ける。５世紀には全国４位の大きさの墳丘長３４０メートルの古墳（造山《つくりやま》古墳・岡山市）と9位の大きさの墳丘長286メートルの古墳（作山《つくりやま》古墳・総社《そうじゃ》市）ができ、王権の有力豪族としての勢力を保った、と松木さんは言う。

「ところで、楯築と卑弥呼との関わりですが、私はもしかしたら、楯築が倭国王帥升《すいしょう》の墓かもしれないと思ってるんですよ」

日本で4番目の大きさの前方後円墳である造山古墳（手前）。向こうに楯築弥生墳丘墓も遠望できる

「えっ？」

私は仰天した。「帥升」とは、『後《ご》漢書東夷《かんじょとうい》伝《でん》』の「安帝の永初《えいしょ》元年（107年）、倭国王帥升等、生口《せいこう》（奴隷）百六十人を献じ、請見を願う」で知られる帥升のことだ。

倭国の王としては、紀元57年の「漢委奴国王《かんのわのなのこくおう》」（『後漢書東夷伝』）に次いで中国の正史に登場し、239年に「親魏倭王」印を授けられた卑弥呼（『魏志倭人伝』）に先立つ人物だが、実体は不明である。その謎の倭国王が吉備出身なのだろうか？

「楯築墳丘墓は、特定個人の墓に富や労力を注ぐ東アジア的思想を受け継いでいて、大陸と共通する木棺・木槨《もっかく》

（木の囲い）という墓の形態ですが、これはもう瀬戸内のローカルな墓じゃないですよ。中国で言う王墓でしょう。年代的にも、107年に後漢に朝貢し、例えば140年頃に死んだとすれば、楯築の築造期とも、年代的にどうにか合います。それに……」

松木さんはいたずらっぽくニヤッと笑った。

「倭国大乱後に倭国王となった卑弥呼にとって、即位70〜80年前の大乱前の倭国王は、文献上は帥升です。その帥升が吉備の楯築の王ならば、卑弥呼は空白期を経て、吉備出身の倭国王を継いだことになる。そういうことなら、倭国王卑弥呼の墓にさまざまな吉備の要素が反映されることは当然頷《うなず》けます」

「卑弥呼の墓とされる箸墓に吉備色が濃いのは、先代倭国王が吉備の王だったから、ということですか？」

「もしもそうなら、理屈だけは通りますね」

きわめて大胆な仮説だった。だが松木さんは、一転、意外に真面目そうな表情を見せたのだった。

出雲特有の墳丘墓

島根県出雲市の弥生墳丘墓、西谷《にしだに》3号墓の墳丘頂上に立った時、私は既視感を覚えた。近景や遠景は全然違うが、目の前のゆるやかに流れる斐伊《ひい》川とその周辺の水田からなる出雲平野を丘の上から眺めると、吉備の楯築弥生墳丘墓からの風景と似ているのだ。

「向かいの山が『出雲風土記』に出てくる神名火《かむなび》山の一つの仏経《ぶっきょう》山で、その麓に斐川《ひかわ》町の荒神谷《こうじんだに》遺跡があります。荒神谷遺跡から3キロほど離れたところが雲南市の加茂岩倉《かもいわくら》遺跡です」

案内してくれた島根県立古代出雲歴史博物館の学芸部長、松本岩雄さんが墳丘上で向かいの山々を指差す。

出雲平野は斐伊川によって作られた。斐伊川は、『古事記』では「肥河《ひのかわ》」、『日本書紀』では「簸川《ひのかわ》」である。現在は静かに宍道《しんじ》湖に流入しているが、かつては激しく流路を変えて洪水を繰り返す暴《あば》れ川として知られ、近世以前には西流して日本海に注いでいた。『記紀』のヤマタノオロチの物語は、オロチを斐伊川にたとえ、スサノオが暴れ川である斐伊川の治水に成功した話とも言われる。しかし、たび重なる氾濫のおかげで流域一帯には肥沃な沖積平野が形成された。『出雲風土記』は、「河の両辺《あたり》は、或は土地《つち》ゆたかに沃《こ》えて、土穀《たなつもの》、桑、麻、稔《みの》り欹枝《たわわ》に、百姓《たみ》の膏腴《うるおい》の薗《その》なり」と記している。

斐伊川の流域こそ古代出雲の中心であり、古くからの豊饒《ほうじょう》の地だったのだ。

その出雲は、「八岐大蛇《やまたのおろち》退治」など『記紀』に登場する神話の3分の1が出雲神話であるように、古代史において重要な位置を占めている。もっとも出雲は、神話のできるずっと前、2~3世紀の頃から、初期ヤマト王権が誕生する上で大きな役割を果たした、とする説があり、その有力な根拠が、西谷墳墓群などに見られる四《よ》隅突出《すみとっしゅつ》型《がた》墳丘墓だった。

方形の墳丘の四隅がヒトデの足のように突き出した独特の形状。代表的な西谷3号墓の場合、突出部を含めた面積は50×40メートル、高さ約4・5メートル。吉備の楯築弥生墳丘墓と並ぶ大型の墳丘墓であり、斜面と突出部をぎっしりと埋める貼り石は、後に築造される前方後円墳の斜面に敷き詰められた葺石《ふきいし》との関連が取り沙汰されている。

「吉備の特殊器台や特殊壺が出土した墓というのは、これですか?」

私は、墳丘の上に複数ある埋葬施設のうち、中央の一番大きな墓穴跡の前に立った。

「そうです。四隅突出型が波及した北陸の土器なども出土していて、日本海側の王たちや吉備の王との同盟関係が窺《うかが》われます」

墓穴からは、楯築と同じように、棺の底に水銀朱が敷かれた二重構造の木棺が発見された。副葬品のガラス製の装身具類や鉄の短剣一振りという組み合わせも、楯築とほぼ同じだ。そして埋葬後、4本の柱を立てた仮屋《かりや》で首長霊継承の祭祀が行われ、吉備からわざわざ運び込んだと思われる特殊器台や特殊壺が使用された。

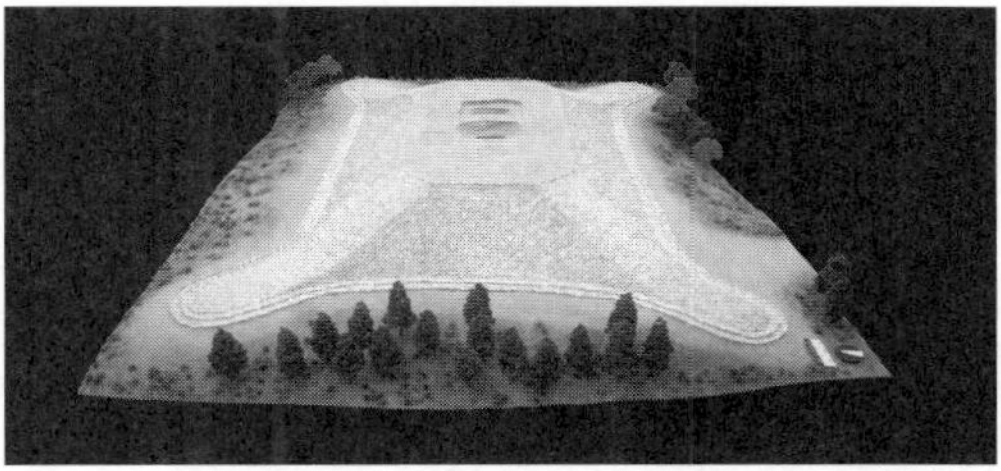

西谷3号墓の復元模型（上）。四方に伸びる足の一つが頂上に上がる道と考えられる。下は実際の墳丘墓（いずれも島根県立古代出雲歴史博物館提供）。付近一帯は「出雲弥生の森」として整備されている

「築造は楯築と同じ時期ですね？」

「2世紀後半ですから、だいたい同じ時期です。おそらく

双方の首長の間に、婚姻関係か擬制的な親族関係、あるいは弔問外交《ちょうもん》のようなものがあったんでしょう。でも、楯築の王墓は一代ですが、西谷の王墓は数世代続いたんです」

確かに、そうだった。楯築の周辺には、似た構造の墳丘墓がいくつかあるが、規模はどれも小さい。対して西谷墳墓群には、さほど大差ない規模の四隅突出型墳丘墓が6基も集まっている。

古墳時代直前の出雲は、墓制を見る限り吉備に負けないくらい進んだ文化を持っていた。たぶん当時としては最先端だろう。そうであれば、改めて尋ねてみたくなる。

「出雲については、前々から不明な点がいくつかあります。三輪《みわ》山の祭神オオモノヌシ（大物主）は出雲大社の祭神であるオオクニヌシ（大国主）の分身（和魂《にきみたま》）とされていますが、ヤマト王権の本拠地を守る神がなぜ出雲系なのでしょうか？」

「うーん。研究者によって多くの説がありますが、私は、オオモノヌシ、オオクニヌシ、どちらも土地神様と思ってますけどね。各地の土地神様を、出雲のオオクニヌシが代表することになったんです。なぜだかね」

松本さんはやや首を傾《かし》げて言った。

「さきほど案内していただいた加茂岩倉、荒神谷遺跡には、全国一大量の銅剣や銅鐸《どうたく》が埋められていましたよね」

　私は言った。１９８４年から翌年にかけて、荒神谷遺跡では、小さな谷奥の斜面から、計３５８本の銅剣、それに銅鐸６個と銅矛《どうほこ》16本が発見された。そして12年後の１９９６年、そこからほど近い加茂町（現・雲南市）の山中の谷頭近くの加茂岩倉遺跡で、入れ子《いこ》状態にした20セット、計39個の銅鐸が見つかった。

　それまで全国で出土した銅剣の総数が約３００本だから、荒神谷遺跡一つの銅剣の数量でそれを超えている。39個もの銅鐸が一カ所から出土したのも、加茂岩倉遺跡が初めてだった。

　出雲のこの2遺跡の発見は、日本の考古学史上特筆すべき大事件だった。

「その青銅器の大量埋納と入れ替わるようにして、山陰に四隅突出型墳丘墓が広がり始めたわけですが、なぜなんでしょう？」

「それもわかりませんね。詳しいことは、渡辺先生にお聞き下さい」

「渡辺先生」とは、島根大学教授の渡辺貞幸さんのことだ。かつて考古学者の佐原真氏が「四隅突出博士」と渾名《あだな》した四隅突出型墳丘墓の専門家である。

王権にとって特別だった出雲

松江市の広大な島根大学の、北の一角に位置する閑静な法文学部の校舎。その真新しい建物に渡辺さんの研究室はあった。

ジッと私の話に耳を傾けていた白い顎《あご》ヒゲの名物教授は、聞き終えて言った。

「出雲がヤマト政権（渡辺さんは王権ではなく政権という言葉を使う）の創設に果たした役割なんて、大したことはありませんよ」

渡辺さんによれば、吉備はともかく、出雲の四隅突出型墳丘墓の形状が前方後円墳に決定的な影響を与えた、とは言いがたい。

よく例に出される貼り石（四隅突出型）と葺石（前方後円墳）の相似も、貼り石では墳丘の裾周《すそまわ》りに立石《りっせき》と敷石《しきいし》を一重ないし二重に巡らすなど、造り方が構造的に異なるため「ヒントになった程度」だと言う。

墳丘頂上部で行われた葬送祭祀は、「確かに出雲や吉備が先行していた」けれど、初期の前方後円墳に見られる「竪穴式の石槨《せっかく》（石の囲い）に割竹形《わりたけがた》の木棺、副葬品に三角縁神《さんかくぶちしん》

西谷３号墓からもほど近い出雲大社。創建年代は不明。祭神は大国主命だ

獣鏡《じゅうきょう》という、ヤマト政権が古墳時代に打ち出した圧倒的なオリジナリティー」に比べれば、何ほどでもないのだ、と。

それでは、出雲は地方勢力として平凡な存在だったのだろうか？

「いや、古墳の変遷を見る限り、出雲はヤマト政権にとって特別な存在でした。他のどの地域とも違う処遇を受けてますからね」

そもそもは山陰の山間部で始まった独自の墓造りからだった、と渡辺さんは説明する。１世紀初頭、中国山地の三次《みよし》盆地で貼り石を施した方形の小さな墳丘墓が出現した。方形の稜線上の石の列（踏石《ふみいし》状石列）は、墳丘の頂上部へ至る通り道だったが、次第に大きくなり、四方へ突出するようになった（ただし、墓道としての踏石状石列は一方のみで、残りの三方は形だけ突出させた)。2世紀に入ると、墳丘自体も大型化した四隅突出型墳丘墓が山陰各地に広がって行く。

「首長崇拝につながる大型墳丘墓が、出雲を中心とした山陰で生まれた理由は何ですか?」

「山陰の地形は、各川が個別に海に注いで小さな平野を作っていて、地域ごとにまとまりやすかったんですね。それと北部九州との交易です。山陰は地理的に鉄や大陸の威信財(権威のシンボル的な品)が入手しやすかったわけです」

四隅突出型墳丘墓の拡大期と出雲における青銅器の大量埋納期が重なることについては、異なった文化を持つ山間居住集団の平野への移住による社会的緊張や争乱があった、と渡辺さんは見る。

「私は、荒神谷と加茂岩倉の2遺跡の埋納主体は、埋納された青銅器と埋納地の水系から、違う集団だったと思う。北部九州と関係が深い出雲平野の荒神谷埋納集団と、近畿と密接な加茂盆地の岩倉埋納集団。どちらも青銅器の祭祀を行う人々だけど、山間地の外敵の大挙侵入という重大な危機に直面したため、同時期か、別々にか、彼らにとっての聖なる祭器を山中に埋めたんじゃないのかな」

そのことを「二つの遺跡が示している」と渡辺さんは言う。一つは三重の環濠《かんごう》で囲まれた田和山《たわやま》遺跡（松江市）。大量の石鏃《せきぞく》（石の矢じり）や石つぶてが散乱する状態で廃絶しており、争乱跡を示唆する。もう一つは鳥取県西部の妻木晩田《むきばんだ》遺跡（西伯《さいはく》郡大山《だいせん》町・米子《よなご》市淀江《よどえ》町）。弥生中期末に丘陵上に造られた面積156ヘクタールという日本最大級のムラだが、環濠付きの物見櫓《ものみやぐら》を擁し、900棟以上の住居・建物跡、30を超す四隅突出型墳丘墓が造られている。つまり、新たにやってきた四角突出型の墓制を持つ人々の防御的な遺跡なのだ。

「平野に進出した四隅突出型の集団のピークが西谷3号墓ですか？」

「ええ。王墓級の墓が登場したということです。同じ時期、出雲東部には荒島《あらしま》墳墓群（島根県安来《やすぎ》市）も登場します。西谷墳墓群の集団は出雲平野を基盤としたのに対し、荒島墳墓群の集団は能義《のぎ》平野を本拠地として、それぞれ王を立てた。その意味では、権力集中の社会システムは、出雲の方が畿内より早く完成したんだと思います」

問題はその後、と渡辺さんは言う。

3世紀後半に古墳時代が幕開けすると、隆盛をきわめていた四隅突出型墳丘墓は一掃された。西谷墳墓群のあった出雲西部は古墳の空白域となり、東部には、通常なら前方後円墳のはずだが、安来市の大成《おおなり》古墳や造山1号墳のように、時代遅れの、しかも非常に大型の方墳が次々と築かれた。

出雲東部は明らかにヤマト王権の傘下に入ったのだが、壊滅した出雲西部には何が起きたのか？　渡辺さんは「専門外だけど」と前置きして述べた。

「『古事記』に、ヤマトタケルノミコトが出雲の豪族イヅモタケルを、肥河（現・斐伊川）のほとりで騙《だま》し討ちした話があります。場所はちょうど西谷墳墓群のある辺り。これが史実なら、ヤマト政権による大弾圧があったのかもしれません」

出雲西部の王家はそのようにして滅亡し、東部の王家はどうにか命脈を保った。しかし、異変は続く。

他地方に比べ出雲に前方後方《こうほう》墳が多いことは以前から知られていた（出雲は前方後方墳が日本一多い地域で、その総数は110基あまり）が、渡辺さんたちの調査で、6世紀中頃、つまり古墳時代後期になって出雲東部でさかんに造られたことがわかったのだ（この時期、出雲西部は前方後円墳のみ）。

「謎です。古墳時代も終わりになって、なぜ出雲東部だけが昔の型式の古墳を造り始めたのか。なぜそれが許されたのか。そのことが3世紀以上も前の西谷の王家滅亡事件と関係があるのか、ないのか。とにかく、古墳時代を通じ、出雲がヤマト政権に特別扱いされていたことは確かです」

6世紀末から7世紀初頭の時期、出雲東部の山代二子塚古墳《やましろふたごづか》（松江市・墳丘長94メートル、古墳時代後期の前方後方墳としては全国最大）の東隣に山代方墳という古墳が造られた。

この頃にはヤマト王権中枢でも、大王《おおおみ》（天皇）級の墓が前方後円墳から方墳に替わっており（推古《すいこ》天皇、蘇我馬子《そがのうまこ》の墓などいずれも方墳）、堀を巡らせた一辺45メートルの当時最大級の方墳の出現は、出雲東部の勢力が（中央の蘇我氏と連携して?）、最終的に出雲全体を掌握したことを物語る。渡辺さんは、「この東部勢力の中心にいた一族こそ、後に出雲臣《いずもおみ》を名乗り、8世紀に〝出雲国造《いずものくにのみやつこ》〟に任命された人々ではないか」と考えている。

卑弥呼をいただく初期ヤマト王権（マボロシの邪馬台国?）は、自らが滅ぼした出雲西部王家の祟《たた》りを恐れていたのだろうか？　それで奈良の三輪山に出雲系の神を祀ったのだろうか？

想像の輪が幾重にも広がって行く。

第4章

「九州説」、三つの視点

吉野ケ里に濃い中国の影

佐賀県の吉野ケ里《よしのがり》丘陵（神埼《かんざき》郡吉野ケ里町・神埼市）に秋の風が吹いていた。面積約38ヘクタールに及ぶ国営公園の吉野ケ里歴史公園を約2時間かけて歩き、隣接する水田区域にきてようやく、公園のテーマ「弥生人の声が聞こえる」を感じた。離れて見ると赤っぽく見える水田には、赤米《あかまい》や紫米《むらさきまい》などの古代米が栽培され、今が実りの時だった。頭を垂れた赤い稲穂に近寄るとイナゴがいっせいに跳び立ち、水田には無数のタニシが這《は》い回っている。

そのうち石包丁を手にした男女がワラワラと現れ出て、ムラの稲刈りを始める、そんな1800年前の光景が見えるような気がした。

振り返ると、焦《こ》げ茶色のパノラマだった。高い丸太の塀に囲まれた国営公園の復元建物群である。太い柱と切りそろえた茅葺《かやぶ》き屋根の立派な建物ばかりで、いささか立派すぎ、石包丁と古代米の風景にはそぐわないようにも思う。

復元建物群の中でもっとも気になったのは、公園内の最重要区画の北内郭《ないかく》、つまり最高

復元された吉野ケ里遺跡。右上の高い建物が主祭殿。3層建てで、会議や祭祀を行ったとみられる。周辺には物見櫓や高床住居も見える

司祭者の居住区だった。

内外の二重環濠《かんごう》に囲まれた場所に、4棟の物見《ものみ》櫓《やぐら》や主祭殿（宮室《きゅうしつ》）や宝庫など、特別な建物群があるのだが、その木造3層建ての主祭殿の豪壮なこと……。3世紀初頭に、現代の記念ホールを思わせるような建物が存在したのだろうか？

最上階に、白い服を着て緑色の蔓《かずら》を頭や体に巻き、神憑《かみがか》りしながら祖霊と交信する女性の最高司祭者（卑弥呼《ひみこ》？）の人形《フィギュア》もあった。彼女は本当に人生の大半をああした殺風景な密室のなかで、憑依《ひょうい》と祈禱《きとう》のうちに過ごしたのか？

確かに『魏志倭人伝《ぎしわじんでん》』の「宮室、楼観《ろうかん》、城柵《じょうさく》を厳《おごそ》かに設け」の通りに復元してあるのだが、木材を贅沢に使い、丸柱の表面も洗練された仕上げになっていたりして、生活感のなさが妙に作り物っ

ぽい。いや、そう思うのは、大阪で弥生時代の復元建物〝いずみの高殿〟を見て、「古墳時代前の建物は、神社建築風ではなく、大型ではあってももっと素朴な、ある種、東南アジア風の建物だったかもしれない」と感じ始めたせいなのか。

しかし、そんな印象はともかく、吉野ケ里遺跡が、「邪馬台国《やまたいこく》=九州説」の紛れもない最有力の候補地であるのは確かだった。

私はその代表的提唱者である佐賀県教育庁社会教育・文化財課の七田《しちだ》忠昭さんに会うため、公園脇の発

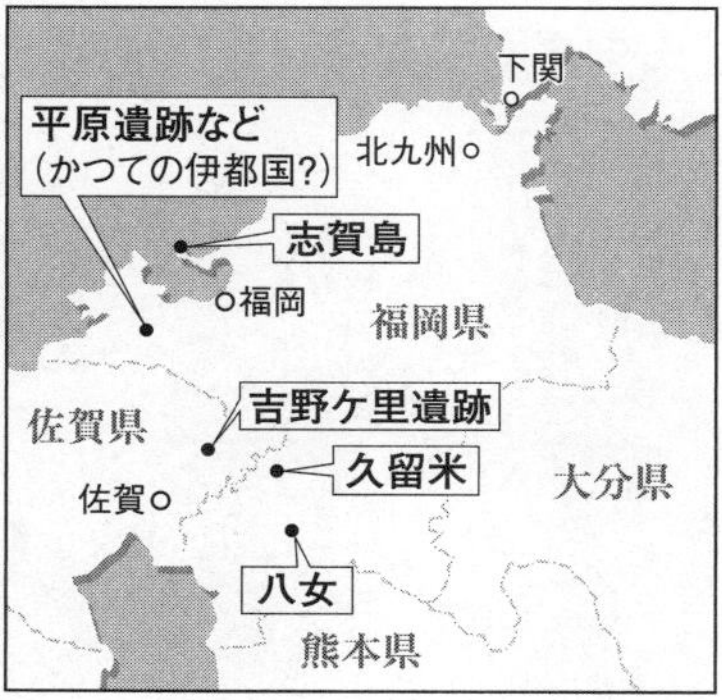

掘事務所へと急いだ。

「卑弥呼は邪馬台国の女王ではありません。『魏志倭人伝』によれば、卑弥呼は〝倭王〟であり〝倭の女王〟です。そして、倭国王卑弥呼の都である邪馬台国には長官や次官が4名いた。これが邪馬台国問題を考える時の前提です」

机や床に土器の破片が並べられ、職員が忙しく立ち働くプレハブ事務所の一隅で、調査主任の七田さんは作業服姿でにこやかに口を開いた。七田説では、邪馬台国はクニではなく明らかに都市（首都）なのだ。

主祭殿３階に再現されている祭祀の様子。司祭者が神のお告げを聞いている

「倭国の都の邪馬台国には、当然二つの宮殿があることになります。倭国全体の宮殿と、邪馬台国政庁の宮殿と。そうですよね？　吉野ケ里にはそれがあります。北内郭と南内郭です」

七田さんによれば、環濠集落内でさらに環濠を巡らせた南北二つの内郭には、北に倭国の王（最高司祭者）、南に邪馬台国の長官や次官ら（首長などの支配層）がそれぞれ居住していたことになる。

「それと、中国色の濃さです。倭国は魏帝国と正式な外交関係を結んでいました。魏の権威を自らの権力の裏付けにしていたんです。であれば、倭国の都である邪馬台国には、中国の強い影響を物語る痕跡があるはずです」

七田さんがまず挙げたのは、当時の中国の城郭都市と吉野ケ里の北内郭、南内郭との構造上の類似だった。

中国の後漢・三国時代の城郭は、必ず突出した角に防御用の角楼《かくろう》を備えていたが、吉野ケ里の南北の内郭にも突出部に物見櫓跡が残っている。

北内郭の鍵形に曲がった厳重な出入り口、これも中国の城郭では一般的な構造だった。

また中国では、天子の住居を北に置き、宮殿の方位を重視するが、吉野ケ里でも集落の北端に最高司祭者が住む北内郭があり、主祭殿の北方延長線上に墳丘墓《ふんきゅうぼ》がある。しかも、北内郭の北東・南西の中軸線は、夏至の日の出と冬至の日の入りを結ぶ線と一致する。

「その他に、倉と市《いち》がセットで存在したこともそうですね。『史記』に〝太倉・西市を立つ〟とあり、『魏志倭人伝』に〝租賦《そふ》（租税と賦役）を収むるに邸閣《ていかく》（大型倉庫）有り、国々に市有り〟とあります。吉野ケ里では、高床倉庫群が多数見つかっていますし、市を監視する役人の建物跡も発見されました」

「でも、中国の銅鏡はどうなんですか？　吉野ケ里からの中国鏡の出土は大変少ないと聞いていますが」

「確かに日本製の小型鏡は6面出てますが、中国鏡は1面と破片3個のみです。だけど、最盛期の2世紀初頭以降については、王たちは周辺の集落から選ばれて吉野ケ里にやってきて、亡くなると出身集落へ戻ったんだと私は考えています」

「周辺集落からは中国鏡が出ているんですか？」

「はい。近くの三津永田遺跡（吉野ケ里町）や二塚山《ふたつかやま》遺跡（吉野ケ里町・上峰町）などからは、中国王朝から下賜されたと思われる中型鏡や鉄製の素環頭大刀《そかんとうたち》がたくさん出土しています」

七田さんはそれから、「状況証拠として」2世紀の倭国大乱の後に政治連合によって卑弥呼が女王に共立されたことを挙げ、「吉野ケ里には各種の武器が豊富で、頭部がない人骨など戦闘の犠牲者も多数葬られています」と付け加えた。大乱に結びつく戦争の痕跡が明瞭に残る、だから邪馬台国はここである、と。

「あえて断定はしませんけどね。私は卑弥呼が吉野ケ里にいた可能性は、かなり高いと思っています」

七田さんは、吉野ケ里発掘の伝説的先駆者である故・七田忠志氏（神埼高校の元教師）の次男である。私の中には、考古学界で「邪馬台国＝畿内」説が圧倒的に優勢なことから、九州説を幾分軽視していた部分があったが、実際に話を聞いてみると、小学生の頃から吉野ケ里丘陵で父親と一緒に土器を拾ってきた人物の仮説は、やはり、それ相応の説得力を持っていた。

畿内説にはムリがある

邪馬台国論争における畿内説は、邪馬台国とヤマト王権が同一か不連続かの違いはあるものの、所在地は奈良県の大和地方（纒向《まきむく》遺跡付近）で大体一致している。

ところが九州説では、九州の邪馬台国と畿内のヤマト王権の共存説の他に、邪馬台国東遷説や東征説があり、所在地候補も福岡県福岡市、同みやま市（旧・山門《やまと》郡）、同朝倉市（旧・甘木《あまぎ》市）、佐賀県神埼市・吉野ケ里町、長崎県諫早《いさはや》市、熊本県菊池市などさまざまである。

もっとも、現役の考古学者で今なお九州説を唱えている人は限られる。その中で精力的に発言を行ってきたのが、佐賀女子短期大学学長の高島忠平さんだった。

「私は、日本列島の大部分が政治的に初めて統一されたのは、7世紀後半に律令国家が成立した頃だと思う。それまでは、各地にいろいろな勢力があってお互いに鎬《しのぎ》を削っていたんです。北部九州で30の小さなクニグニを統括していた部族連合、すなわち卑弥呼の邪馬台国連合もそうした勢力の一つでした」

口を開くなり、高島さんはそう言った。佐賀市の女子大のキャンパス内にある落ち着いた雰囲気の学長室である。

「『魏志倭人伝』によれば、卑弥呼の倭国、つまり邪馬台国連合は、南の狗奴国《くな》（高島さんは肥後＝熊本付近と見る）の連合勢力と長年戦いを続けていましたね。このことからも、3世紀に日本列島を統一するような国家がなかったことは明らかです。また、律令国家になると郡の数は400以上になりますが、多くが弥生時代にはクニだった地域です。弥生時代の末期にすでにそれだけたくさんのクニがあったのに、その中で卑弥呼が率いたのはせいぜい30のクニ。どう考えても、伊都《いと》国、奴《な》国など九州のクニグニですよ」

つまり邪馬台国は九州の中の一大勢力にすぎなかったというのだ。それから一転、高島さんは現在の畿内説には「かなりの無理がある」と説き始めた。

最大の「無理」は、畿内の弥生集落に後に王権へと発展する要因が希薄なこと。

高島さんに言わせれば、近畿の拠点的集落は、池上曽根《いけがみそね》遺跡（大阪府和泉市）が典型のように、「縄文的」だった。中央に祭祀《さいし》用空間があり、同心円状に集落が形成されるのは、縄文時代の環状集落と同じ。そこからどうやって前方後円墳社会に発展するのか。

「いろんな仮説を聞きましたが、納得できるようなものはありません。無理やり古墳時代へ結びつけようとしている。私にはどれも中央史観としか思えませんね」

次いで、畿内の諸遺跡から出土する鉄製品の少なさである。邪馬台国の時代は「倭国大乱を引き継ぐ闘争の時代」なのに、戦いに不可欠な鉄製の武器が、纒向遺跡（奈良県桜井市）などの主要遺跡からほとんど出土しない。鋭利な鉄製の武器なくして、どうやって人々は闘ったのか。

「北部九州の遺跡はどこも鉄製品が豊富です。山陰も、肥後も多い。当時の鉄資源は朝鮮半島と交易しないと手に入らない。纒向遺跡が邪馬台国連合の都で、国際都市と言うなら、貴重な国際交易品の鉄なり絹なりを出土させて、その証拠を見せてほしいですよ」

「致命的」なのは、祖霊信仰（高島さんは首長霊継承の祭祀をより広く捉え、こう呼ぶ）の名《な》残《ごり》が弥生時代の近畿の墓にないこと。

例えば吉野ケ里遺跡では、弥生中期の紀元前1世紀頃から、一般人の墓がある区域とは離れた場所に墳丘墓が築かれ、大型甕棺《かめかん》に銅剣やガラス管玉《くだたま》などを副葬した支配層の墓が現れ始め、そこで儀式を行った祭祀土器が見つかっている。近畿にそうした墓前祭祀の遺構はあるのか。

「要するに、近畿の弥生社会は、銅鐸《どうたく》を重んじた精霊信仰なんです。首長制ではなく、基本的に長老制社会ですよ。首長制の社会に一番早く変わったのは北部九州です。近畿はかなり遅れて、おそらく3世紀になってからようやく取り入れたんでしょう。しかし、列島各地に王たちがいてさまざまな軋轢《あつれき》は残った。それで7世紀後半に律令国家になるまで、本当の意味での国家的統一ができなかったんでしょうね」

「となると、高島さんは結局、邪馬台国は九州のどこにあったと？」

「私は、福岡県の久留米市から八女《やめ》市にかけての地域を想定してます」

「10年前まで佐賀県教委で高島さんが発掘指揮

吉野ケ里遺跡の墳丘墓の中心部から見つかった甕棺。他の甕棺の２倍の全長2.5メートルで、銅剣が副葬されていた

吉野ケ里の墳丘墓で見つかった杷頭飾つき有柄銅剣（上）、細型銅剣（中）、ガラス製の管玉。すべて国の重要文化財だ

をとってきた吉野ケ里ではない？」

「吉野ケ里は『魏志倭人伝』の記述とよく符合しますけどね。でも、集落が、丸ごと発掘調査された例が他にないから、吉野ケ里の一例をもって〝ここだ〟と言い切れない」

「なぜ久留米・八女地域ですか？」

「そこが磐井《いわい》の本拠地だからね」

「磐井」とは、527年にヤマト王権に対し「磐井の乱」を起こした筑紫国造《つくしのくにのみやつこ》のこと。朝鮮交易で財をなし、新羅《しらぎ》と組んでヤマト王権の朝鮮経営に反抗したために討たれた。八女市にある岩戸山古墳（前方後円墳、墳丘長135メートル）は磐井の墓と伝えられている。

「磐井が邪馬台国の末裔《まつえい》ですか？」

「邪馬台国連合の女王卑弥呼は、魏王朝によって正式に〝親魏倭王〟に叙せられた。ならばその邪馬台国の基盤が、5、6世紀になっても継続・発展していた、と考えておかしくないですよ。特に磐井は、北部九州一帯を支配下に置き外交権を握っていました。最初に言ったように、7世紀頃まで畿内の政権は不安定で、地方勢力の反発は各地にいろいろあったんです」

高島さんの説は、今回の一連の旅で聞いた何度目かの斬新な仮説だった。

ただし現在、久留米・八女市の当該の地は「弥生後期の大集落があることは確かだが、高速道路の幅ほどしか発掘されていない」そうだ。

福岡県糸島市の平原遺跡で出土した2世紀後半頃の国内最大級の銅鏡（伊都国歴史博物館提供）

伊都国から大和へ東遷？

「（末盧《まつら》国より）東南、陸行五百里、伊都国に到る。（中略）千余戸あり。世々王あるも、皆女王国に統属す。郡使往来するに、常に駐《と》まる所なり」（『魏志倭人伝』）

かつての伊都国の中心地、福岡県前原《まえばる》市（現・糸島市）を訪れた。伊都国歴史博物館を見学した後、ボランティア解説員の人が、近在の「代々続いた」という王の墓を案内してくれた。

三雲南小路《みくもみなみしょうじ》遺跡（紀元前1世紀末頃）、井原鑓溝《いわらやりみぞ》遺跡（推定地、1世紀末頃）、平原《ひらばる》遺跡（3世紀初頭）である。つまり日本の歴史上に初めて登場して、およそ200年間も続いた九州の王家の墓である。

博物館に展示してあった副葬品はすごかった。三雲南小路の場合、江戸時代の発見で不明点があるにもかかわらず、2基の甕棺から計57面もの前漢鏡が出土した。しかも1基の中に、中国皇帝が王侯クラスの家臣に授ける飾り金具やガラス壁《へき》があり、王墓を決定づけた。さらに平原では、1基の墓としては史上最多の40面の銅鏡（大半が破砕鏡）が出土。うち5面は直径46・5センチの日本最大の銅鏡で、一緒に出土したガラス勾玉《まがたま》、メノウ管玉ともども国宝に指定されている。

平原遺跡の方形墳丘墓

ところが、実際の遺跡の前に立ってみると、かなり拍子抜けした。三雲南小路遺跡は民家に隣接した空き地同然の一角に、説明看板がポツンと立っているのみ。井原鑓溝遺跡は場所が不明確で、「あの辺」と農家のビニールハウス近辺を指差してもらった。唯一整備されていたのが平原遺跡だが、大きさが10×14メートル、高さ約2メートルのこぢんまりとした方形墳丘墓にすぎなかった。

私は、しかし、「伊都国が最初の倭国」と語った國學院大学の柳田康雄教授の言葉を思い出しながら周囲を歩いた。柳田さんは福岡県教育庁の元文化財保護担当者である。

「私は、伊都国中心の倭国が北部九州で形成され、それが2世紀末に奈良盆地の纒向遺跡に移動して邪馬台国《やまと》になったと考えます」

柳田さんは、いわゆる東遷説の信奉者だった。

柳田さんによれば、伊都国のあった地方は、すでに紀元前4世紀の段階で大陸文化のシンボルだった大型支石墓《しせきぼ》が出現するなど、早くから先進的な地域だった。しかも、最初の伊都国王を生んだ三雲遺跡は、まだ数パーセントしか発掘されていないが、集落規模は吉野ケ里遺跡の2倍以上の約100ヘクタールに及ぶと推定される。

「吉野ケ里規模の集落なら九州ではいくつも確認されてます。吉野ケ里=邪馬台国説の最大の難点は、銅鏡がほとんど出ないことですよ」

キーワードは鏡、それも中国鏡だと言う。3世紀末の黒塚古墳（奈良県天理市）で、33

面の三角縁神獣鏡《さんかくぶちしんじゅうきょう》が棺外に置かれ、ただ1面の中国鏡（画文帯神獣鏡《がもんたいしんじゅうきょう》）が棺内に納められていたように、弥生時代から古墳時代にかけて一貫して尊重されたのは中国鏡だった。その中国鏡尊重社会をいち早く実現したのが伊都国なのだ。

「3世紀に出現した前方後円墳の特色は、①形状、②竪穴式石槨《せっかく》（石の囲い）、③割竹形《わりたけがた》木棺、④副葬品の銅鏡です。このうち①と②が吉備など東瀬戸内の影響、③と④が伊都国など北部九州の影響です」

「その前の倭国大乱はどう考えてますか？」

「あれは近畿が負けたんです（笑）」

柳田さんの説では、107年に後漢に朝貢した「倭国王帥升《すいしょう》」は伊都国の王である。すでに紀元前1世紀末に王家があった伊都国は、1世紀頃からたびたび東方進出を企てた。その痕跡が瀬戸内海沿岸や近畿内陸に残る防御的な高地性集落だ。柳田さんは、帥升が中国皇帝に献上した「生口《せいこう》（奴隷）百六十人」は、瀬戸内遠征で得た戦争捕虜と見る。

「伊都国中心の北部九州は倭国大乱に勝利しました。なぜなら、大乱中の2世紀後半も大乱後の3世紀前半も、鉄製武器の出土量は北部九州が圧倒的だからです。双方の拠点的集落を見ても、伊都国や奴国では弥生後期から古墳前期まで継続して繁栄したのに対し、近畿では唐古《からこ》・鍵《かぎ》（奈良県田原本町《たわらもと》）や池上曽根など代表的な集落が弥生後期・末期に終焉《しゅうえん》を迎えています」

「では、卑弥呼と伊都国の関係はどうなりますか？」

「彩色鏡と大量の破砕鏡からすると、平原遺跡の被葬者は強力な呪力を持つ巫女王《ふじょ》です。伊都国最後の女王が死に、その権威は纒向の卑弥呼に引き継がれた。破砕鏡の儀礼も纒向の初期古墳に継承された。つまり邪馬台国の卑弥呼を立てるのに、伊都国は深く関与したわけです。だから『魏志倭人伝』で、卑弥呼の倭国は伊都国を別格扱いし、伊都国に〝一《いち》大率《だいそつ》（監察機関）〟という重要な官職を置いたんです」

そういう見方があったのか、と平原遺跡周辺の草地を歩き回りながら私は思った。

柳田さんの東遷説は、第2章で話を聞いた橿原《かしはら》考古学研究所の寺沢薫さんの説とも合致する点が多く、きわめて魅力的だった。けれど、目の前の方形墳丘墓は、そこから古代の壮大な歴史の流れを紡ぎ出すというには、やはりあまりにも貧弱すぎる気がした。

博多湾口の志《し》賀島《かのしま》の上空ではトビがゆっくりと輪を描いていた。

私は金印公園（福岡市）の石段に腰かけ、海を眺めていた。公園のある叶《かな》の崎《さき》地区は、江戸時代に地元の農民が「漢委奴国王《かんのわのなのこくおう》」の金印を発見したとされる場所だ。

紀元57年に後漢の光武帝が奴国王に授けたという金印（国宝）は、福岡市博物館に展示されている。だが、発見者の実在が疑われ、たび重なる発掘調査にかかわらず発見場所も不明なため、今も真贋《しんがん》論争が続く。

それに比べれば、と私は思った。卑弥呼や邪馬台国の実在が疑われず、毎年少しずつ新たな考古資料が積み上がってゆく邪馬台国論争は、現在進行形の歴史論争だ、と。

福岡市の志賀島

文献解釈の際限ない迷路に入り込まないよう、今回は発掘結果に基づく考古学者の意見を尊重しながら現在の邪馬台国像を追ってきた。予想以上に仮説が錯綜していて、互いに矛盾する論理にも再三出会ったが、それでもうっすら見えてきた道筋はある。
キーポイントの一つは、卑弥呼共立の前提となる「倭国大乱」をどう捉えるか、ということだ。鉄資源の争奪戦なのか、緊迫した国際情勢に対応した混乱なのか、それとも北部九州勢力の東方への膨張圧力か……。

そのあたりが今後の発掘調査で考古学的に補強されれば、なぜ邪馬台国連合が形成されたか、なぜ卑弥呼が倭国王に選ばれたかが、もっとハッキリ見えてくる。そうなれば、たとえ「親魏倭王」の金印が発見されなくとも、邪馬台国の所在地は自ずと明らかに、なる……？

正面の海をひっきりなしに船が行き交っていた。対馬《つしま》海峡を渡れば、朝鮮半島である。

「漢委奴国王」の金印と印章面
（福岡市博物館所蔵）

そしてやがて、中国大陸。今なら指呼の間だが、卑弥呼の時代には命がけの大航海だったはずだ。私は石段で目を閉じ、小さな船で海峡に乗り出し、魏の都洛陽へと向かっている自分の姿を想像してみた。

第5章

『日本書紀』は揺れている

山の辺の道を行く

邪馬台国《やまたいこく》を探す旅を終えてから1年後、私は再びヤマト（倭《やまと》）を訪れた。

このヤマトは、奈良盆地東南部の三輪山《みわ》の麓《ふもと》、初瀬川流域のことで、古代の磯城《しき》郡、十市《とち》郡にあたるが、ここがやがて奈良盆地を指す大和《やまと》になり、ヤマト王権の本拠地となった（律令時代には今の奈良県全体が大和国と呼ばれ、「敷島の大和の国」がそのまま日本を意味するようになる）。

そこで、卑弥呼没後のヤマト王権の誕生期から、文献史学の成果も借りて、改めて天武・持統朝の日本国成立までを辿《たど》ってみようと思ったわけである。

まずは、大和の地主神（守護神は大物主神《おおものぬし》）が祭られている三輪山への登拝から始めることにした。

三輪山は、山そのものがご神体となっていて、自由勝手に登ることはできない。私も規則に従って、山麓の大神《おおみわ》神社（三輪明神）に参拝した後、境内の北側にある狭井《さい》神社（大神神社に付属する神社である摂社の一つ）で300円を納めて、〝三輪山参拝証〟と記した

日暮れ間近の三輪山。麓には大神神社の大鳥居も見える

白襷《しろだすき》を肩からかけ、登り始めた。

標高467メートル。竹杖をつきながら急勾配の山道を1時間ほど歩き、ようやく頂上に着いた。

林の中のやや開けた一角に、高さ1~3メートルの黒っぽいゴツゴツとした岩が何十となく寄り集まっていた。周辺が注連縄《しめなわ》で囲ってある。祭祀《さいし》の折に神が降りてくる憑代《よりしろ》の磐座《いわくら》である（この奥津《おきつ》磐座のみ見ることが可能。中腹の中津《なかつ》磐座や山麓の立入り禁止の辺津《へつ》磐座は近寄ることすらできない）。あたりの木々はマツにしてもヒノキにしても丈が低く、若木ばかりだった。1997年の台風7号によって頂上の巨木が倒れたせいらしい。しかし、磐座の様相を見ると、本来頂上に木々は少なく、盆地一帯がよく見渡せたのでは、という気がしてくる。

社《やしろ》を造らず岩石や大木を崇拝対象とする信仰は、

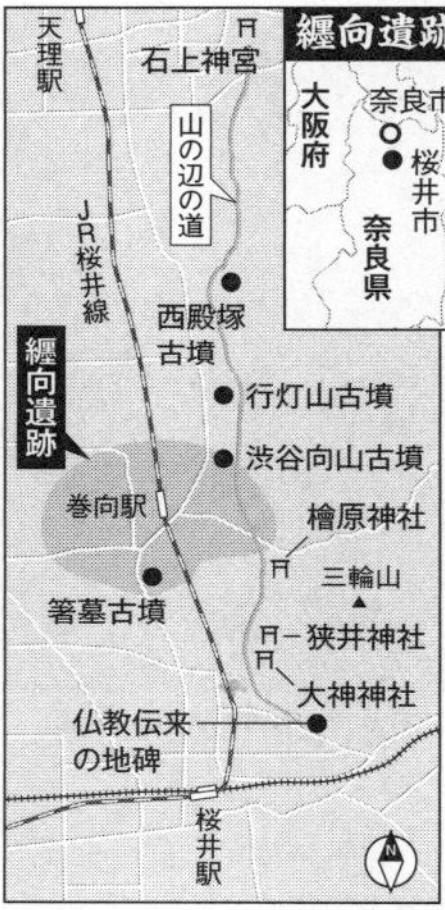

もっとも古い宗教形態だ。神殿を持たず拝殿のみの大神神社が「日本最古の神社」と称される所以《ゆえん》である。目の前の岩々をもっとも初期の天皇たちが拝んだ、と思えば感慨深かったが、現在の三輪山の祭祀遺構から出土しているのは4世紀以降の土器など。3世紀に遡る遺物はまだ出ていない。

下山するといよいよ山の辺の道だった。三輪山や龍王山など奈良盆地の東南部の山々の山裾を縫う道で、観光パンフレットには「日本最古の道」と書かれている。だが、実際は山道や農道、通路などを継ぎはぎしたグネグネ道だ。

そんな細道をしばらく歩いてから、檜原《ひばら》神社の境内で一服した。

檜原神社も大神神社の境内にある摂社の一つなので本殿はないが、祭神は天照大神《あまてらすおおみかみ》となっており、「元伊勢《もといせ》」と呼ばれている。というのも『日本書紀』にいわれがあるのだ。

第10代崇神《すじん》天皇の時、国中に疾病が流行し住民の半ばが死ぬほどであった。天皇はそれまで宮中に天照大神と倭大国魂神《やまとおおくにたまのかみ》の二神を一緒に祭っていたが、このことに不安を覚え、両神を別々に祭ることにして、天照大神は皇女の豊鍬入姫命《とよすきいりひめのみこと》に託して大和の笠縫邑《かさぬいのむら》に移した。その笠縫邑が現在の檜原神社の地、というわけだ。

また『日本書紀』によれば、次の垂仁《すいにん》天皇25年、豊鍬入姫命に代わって天照大神を祭ることになった倭姫命《やまとひめのみこと》は、さらによい宮地を求めて伊賀、近江、美濃と巡行を続け、最後に伊勢の五十鈴《いすず》川の川上に落ち着いた。それが伊勢神宮なので、天照大神がかつて鎮座した檜原神社は「元伊勢」となる。

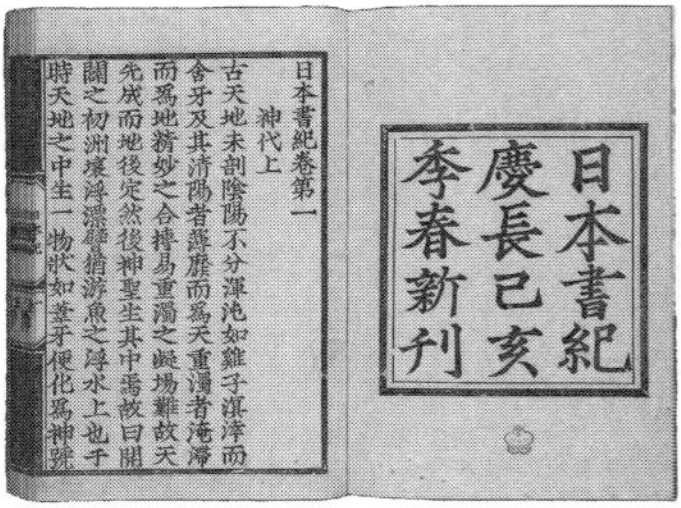
日本書紀
慶長己亥
季春新刊

日本書紀巻第一
神代上
古天地未剖陰陽不分渾沌如雞子溟涬而
含牙及其清陽者薄靡而爲天重濁者淹滯
而爲地精妙之合摶易重濁之凝場難故天
先成而地後定然後神聖生其中焉故曰開
闢之初洲壤浮漂譬猶游魚之浮水上也于
時天地之中生一物狀如葦牙便化爲神號

『日本書紀』（国会図書館データベースより）

もっとも、以上はあくまで『日本書紀』にそう記されているだけで、史実かどうかは別の話である。

三輪山をご神体とする檜原神社を背にすると、正面にこんもりと緑の箸墓《はしはか》古墳が見え、その後方、盆地の向かい側にふたこぶラクダの背中のような二上山《にじょうざん》が見える。

箸墓古墳は初期ヤマト王権の拠点（最初の都市？）と見なされている纒向《まきむく》遺跡のシンボル。墳丘長約２８０メートルの巨大な前方後円墳は、倭国王級の人物の墓と確実視され、「邪馬台国の女王」卑弥呼《ひみこ》の墓という説も根強い。

箸墓古墳の後円部の竪穴式石室の石材（北側の池に転落した一部）は、大阪府柏原市の芝山の玄武岩だった。『日本書紀』では箸墓は、「大坂山の石を運びて造る」（崇神紀10年9月条）と記されているが、「大坂山」が二上山だけでなく芝山なども含んだ二上火山群のことだとすれば、この部分の記述はかなり史実性が高いということになる。

そして二上山は、西方にあって、雄岳と雌岳の間に陽が沈む神秘の山であり、古代では二神山《ふたかみやま》と呼ばれ三輪山同様に信仰の対象だった。

つまり、初期ヤマト王権の人々は、東に太陽の昇る円錐《えんすい》状の三輪山、西に太陽の沈む凹状の二上山を望む場所、三輪山麓の巻向《まきむく》川（初瀬川の支流）扇状地に「最初の都」を定めたのである。

私は前日、2009年春の纒向遺跡の発掘調査で新たな中枢部遺構を発見した桜井市立埋蔵文化財センターの橋本輝彦さんに話を聞いた。橋本さんの口調は、1年前に会った時よりもずっと熱っぽかった。

「これまでの発掘で祭殿と思われていた辻地区の約5メートル四方の建物跡の東方を掘ったところ、より大きな建物の柱の列が見つかりました。また、祭殿状の建物をコの字に囲む柵列も、新しい建物を取り巻く形に延びています。祭殿の西側にも幅2メートル以上、奥行き5メートルの建物跡が見つかっていて、結局、三つの建物は方位をそろえ、東西の軸もそろえて並んでいることになります」（図参照）

「そこからどんなことがわかるんですか？」

「新たに発掘した東側の大きな建物、南北19・2メートル、東西12・4メートルの建物は、王の居館のような建物か、国会議事堂的な建物の一部かもしれません。真ん中の従来祭殿と目されていた建物は、大きな建物に付属する倉の可能性も考えられます。全体の区画は、推定では100メートル×150メートル近い規模でしょうね」

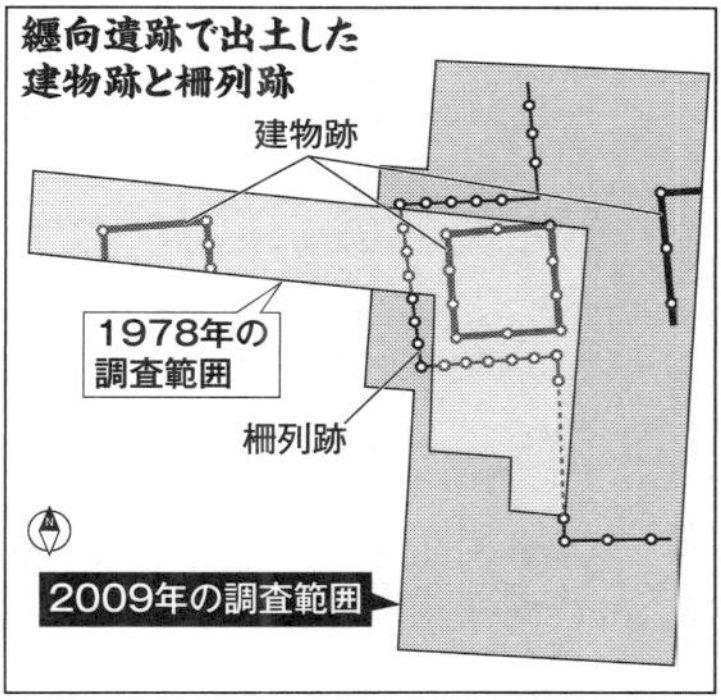

3世紀前半の遺跡で、今回のように整然とした方形の建物群の跡が出土した例は過去にない、とのこと。

「卑弥呼の居館かどうか不明ですが、ここに邪馬台国があり、初期ヤマト王権の〝都宮〟があった可能性はさらに増しました」（橋本さん）

ということらしい。

次々に発掘される考古資料を見る限り、奈良盆地に誕生した邪馬台国が初期ヤマト王権に発展したという（純粋？）畿内説は、ますます優勢なようだ。しかし、もちろん、高天原《たかまがはら》の神話から始まる『日本書紀』には邪馬台国は登場しない。

倭国王の巨大古墳

狭井神社から奈良県天理市の石上《いそのかみ》神宮までは、山の辺の道を歩いておよそ10キロ。私は主に、沿道に並ぶ渋谷向山《しぶたにむかいやま》古墳（墳丘長310メートル、伝・景行《けいこう》天皇陵）と行灯山《あんどんやま》古墳（墳丘長240メートル、伝・崇神天皇陵）、西殿塚《にしとのづか》古墳（墳丘長234メートル、伝・手白香《たしらかの》皇女陵《ひめみこ》）を見て回ることにした。

3古墳は、いずれも初期ヤマト王権の倭国王（つまり天皇）の墓と目され、周辺の中小の古墳と比較すればケタが違う規模だ。最古の箸墓古墳を含めるとその築造の順番は、①箸墓、②西殿塚、③行灯山、④渋谷向山とされている（ただし、第26代継体《けいたい》天皇の皇后である手白香皇女は6世紀の人物で、3世紀後半と推測される西殿塚古墳の被葬者ではない。明治初期に被葬者を比定した宮内省の明らかな誤認）。

堀を巡らせた巨大な前方後円墳の縁を歩きながら、私は「なぜこんな大がかりな墓がここに造られたのか？」と今さらのように感じた。

前方後円墳の第一の特色は、やはりその形状だ。円形の墳丘《ふんきゅう》に通路から発達した方形部を合体させたのが基本形だが、造営当時は今日のような雑木林で覆われた丘陵ではなかった。突き固めた土を何段にも20メートル以上積み重ね、側面は白い葺石《ふきいし》で埋め尽くされていた。墳丘上には赤茶色の特殊器台などが並び、非常に目立ったはず。

何とも派手な、見る人を圧倒するボリュームの人工建造物だったのだ。

のんびりとした山の辺の道の情景

日本列島では共同体の首長を大がかりに弔《とむら》うこうした文化が、3世紀前半に突如奈良盆地で生まれ、短期間のうちに東北の南部から北九州まで各地に広がった。そして6世紀末に終息するまで、およそ350年間も続いたのである。

岡山大学准教授の松木《まつぎ》武彦さんは、その営為の意味と背景について、著書『日本の歴史第1巻　列島創世記』の中で、とても興味深い分析をしている。

前方後円墳がかくも大きく、周濠《しゅうごう》や葺石、埴輪などを持つのは「物理的な機能ではなく、心に働きかけることを主目的としてつくり整えられた構造物」、すなわち「美的モニュメント」だったからと見る。「機能以外の『凝《こ》り』」があり、そこに身分関係の視覚的表現などのメッセージが盛り込まれているというのだ。

前方後円墳のような「美的モニュメント」がなぜ現れたかといえば、「文字を使う前の社会だったから」と松木さんは言う。「文字が本格的に使われるようになる以前に社会の格差が先行して進んだために、人工物の知覚を通じてそれを合理化する必要性がどこよりも著しく高まった」。エジプトのピラミッドやマヤの神殿の出現と同様というわけだ。

けれども、大型墳丘の風習は朝鮮半島経由でもたらされたにもかかわらず、日本列島のものは半島のそれとまったく異なる。高句麗《こうくり》・百済《くだら》・新羅《しらぎ》・伽耶《かや》では墳丘が周濠や陪塚を伴う例は一つもないし、埴輪や葺石といった外部表飾を施した例も全然ない。第一、倭国の前方後円墳は、はるかに規模が大きい。半島一の大きさの新羅の皇南大塚（韓国・慶州）でさえ、双円墳の墳丘長は約120メートルにすぎない。

前方後円墳はなぜ卓越して大きく、なぜ奈良盆地で生まれたのか？　松木さんは二つの理由を挙げる。

一つは、「辺鄙《へんぴ》だったせい」。基幹物資が石から鉄に移り、鉄に対する需要は急増したが、鉄を産出する朝鮮南部の鉄鉱山は遠い。列島交差点の奈良盆地に集結した首長たちが、交易権を独占する北部九州に対抗して効率よく鉄を入手するには、窓口を絞り、代表者（大王＝天皇）周辺に権力を集中させる必要があった。

もう一つは、「近畿の集団性」。奈良盆地は弥生時代の大規模集落の唐古《からこ》・鍵《かぎ》遺跡のように、古い青銅器祭祀が最後まで残った地域である。共同体への帰属意識が強い。巨大な前方後円墳の築造といった、それ自体が祭のような集団労働（単純労働？）に動員しやすかったのでは……。

実在の天皇たちは

さて、では、巨大前方後円墳の被葬者たちはいったい誰か？

崇神、景行といった被葬者とされている天皇名は、幕末から明治初期に宮内庁が比定したものだ。基本史料は8世紀の『古事記』『日本書紀』と10世紀の『延喜式《えんぎしき》』だった。考古学的検証が不足していたため、前述の手白香皇女陵のような誤りも少なくない。

そもそも、日本における最古の歴史書とされる『古事記』や『日本書紀』は、その記述をどこまで史実として信頼できるのだろうか？

先に進む前に概要を見ておこう。

712年に太安万侶《おおのやすまろ》が編んだ『古事記』と、720年に舎人親王《とねりしんのう》らが編んだ『日本書紀』は非公式の国史と公式国史の違いはあるものの、ともに第40代天武《てんむ》天皇の勅命で編纂《へんさん》作業が開始され、ともに天照大神の子孫が天皇家の祖先となり継続してきたという話を伝えている（二つ合わせて『記紀』と称される）。

しかし、一人の天皇が同じ国史編纂事業を、ほぼ同じ時期に二つの異なった集団に命じた、ということ自体が容易に信じがたい。

全3巻の『古事記』は、個々のエピソードを累積的につなぐ手法によって喜怒哀楽に満ちた歴史物語になっているが、現存最古の写本は14世紀のもので、一般にその存在が知られるのは江戸後期の本居宣長《もとおりのりなが》の注釈書『古事記伝』の刊行以降である。このため長い間、偽書説がつきまとってきた。

ただ、現在は、古代文学者の三浦佑之《すけゆき》氏による「多《おお》（＝太）氏一族に伝えられてきた史書が基盤で、7世紀後半に成立した。天武天皇勅命の経緯を記した『序』のみが多氏の多人長《おおのひとなが》かその周辺人物によって、史書の権威化のため、9世紀初頭に偽造された」（『古事記のひみつ　歴史書の成立』より抜粋）という説が有力だ。

いっぽう『日本書紀』の方は、由緒正しい編年体の正史である。唯一の正しい歴史は、民衆を支配する律令制度と同様、国家の安定のために、また東海の島国が大陸の大帝国の唐と肩を並べるために、必要不可欠のものだった。『日本書紀』は、行方不明だった『古事記』と違い、成立直後から官人たちに広範に講義されてきた。

といっても、問題点はある。

本来の正史『日本書』は、手本にした中国の正史（『漢書』など）がそうであるように、

「紀」（歴代の王の事蹟）、「志」（地誌などの記録）、「伝」（臣下などの伝記）がそろっていなければならない。ところが日本では「志」と「伝」は完成せず、「紀30巻」と「系図1巻」（現存しない）のみができ上がった。

したがって、本来の正史の一部でしかないため、『日本書　紀』と記し、それがいつか『日本書紀』の書名で呼ばれるようになったのだ。

編纂の経緯にも問題がある。

編纂の具体的プロセスを解き明かすには、叙述の分析が欠かせないが、この分野の近年の成果は森博達《ひろみち》氏が『日本書紀の謎を解く』で詳細に紹介した区分論だろう。

森氏は『日本書紀』の音韻や文章の精緻な分析から、全30巻が三つの群に分かれると説いた。

正規の漢文表記のα《アルファ》群（述作者は渡来の中国人）、歌謡などの仮名が倭音表記で漢文の誤用が多いβ《ベータ》群（述作者は日本人）、とその他（巻30、述作者は日本人）である。

持統3年（689年）以降、2人の中国人がα群（巻14～21、巻24～27）を書き、2人の死後、文武朝（697年～707年）に日本人がβ群（巻1～13、巻22・23、巻28・29）を書き、最後に元明朝の和銅7年（714年）から元正朝の養老4年（720年）にかけて、

日本人2人が巻30の執筆と全巻の加筆・潤色を行ったのだ。（表を参照）

それはつまり、『日本書紀』の神代紀（巻1・2）や初代神武《じんむ》天皇から第20代安康《あんこう》天皇までの記述が、当初の持統朝の段階（α群）では編纂方針の中になく、文武朝の段階（β群）以降に付け足された（かなりの部分が創作された？）可能性を示している。

『日本書紀』の述作者と登場する天皇
森博達著『日本書紀の謎を解く』より

β	巻1	神代・上
	巻2	神代・下
	巻3	神武①
	巻4	綏靖②〜開化⑨
	巻5	崇神⑩
	巻6	垂仁⑪
	巻7	景行⑫・成務⑬
	巻8	仲哀⑭
	巻9	神功皇后
	巻10	応神⑮
	巻11	仁徳⑯
	巻12	履中⑰・反正⑱
	巻13	允恭⑲・安康⑳
α	巻14	雄略㉑
	巻15	清寧㉒〜仁賢㉔
	巻16	武烈㉕
	巻17	継体㉖
	巻18	安閑㉗・宣化㉘
	巻19	欽明㉙
	巻20	敏達㉚
	巻21	用明㉛・崇峻㉜
β	巻22	推古㉝
	巻23	舒明㉞
α	巻24	皇極㉟
	巻25	孝徳㊱
	巻26	斉明㊲
	巻27	天智㊳
β	巻28	天武㊵・上
	巻29	天武㊵・下
その他	巻30	持統㊶

○数字は天皇の「代」

継体＋天武＝神武？

『日本書紀』の史料的信憑性に関しては、戦前すでに歴史学者の津田左右吉《そうきち》が疑問を投げかけている。

津田は、『記紀』の神代史と上代史は編者が作った物語であると述べ、百済人によって文字が伝えられたのは4世紀後半なので、その頃の天皇である第15代応神《おうじん》天皇以前の天皇系譜は信用できないと主張した（このため著作4冊が発売禁止処分になり、出版元の岩波茂雄とともに出版法違反で有罪判決を受けた）。

戦後の歴史学界は、津田の実証主義を受け継ぎ記紀批判が旺盛だ（ただし、津田史観そのものに対しては、「『記紀』を史実と見なさないことで単一民族論を主張しようとした」という批判がある）。

中には、江上波夫氏の騎馬民族征服王朝説（北方ツングース系の騎馬民族が九州に上陸、大和へ東征し征服王朝を建てた）や、水野祐氏の三王朝交替説（崇神を始祖とする王朝、仁徳《にんとく》から始まる王朝、継体から現在に至る王朝があり、三王朝は血統を異にする）など、万世一系の通説を揺るがす強力な仮説もあった。

しかし、現在、騎馬民族説は、食用家畜を飼う習慣や去勢の風習が古墳時代の日本になかったことや、東征・東遷の考古学的証拠がないことから力を失った。三王朝交替説は、多くの信奉者を引きつけながらも、巨大古墳群の奈良盆地から大阪平野への移動などは、「王権の移動ではなく王家の傍系継承の範囲内」という意見が大勢を占めるようになり、影響力は落ちている。

したがって、現時点で研究者の間で実在が有力視され、その在位以降を現実の歴史に基づいた叙述と見なせる『日本書紀』の天皇というと、次のようになる。

A　崇神天皇（『紀』で〝最初の統治者〟を意味する「ハックニシラススメラミコト」と称されている。この贈り名は初代神武天皇と同じ）

B　仁徳天皇（それまでずっと父子相続なのに、仁徳の次から兄弟相続。難波に都を作り、大規模な開拓を行った聖帝）

C　雄略《ゆうりゃく》天皇（『万葉集』の最初の歌の作者。『宋書』倭国伝に名前があり、稲荷山《いなりやま》古墳出土の鉄剣銘からも実在性が認められる）

D　継体天皇（6世紀初頭、近江から大和に入って新王朝を興した）

継体天皇像（福井市）

以上のうち、中部大学教授の大山誠一さんはDの継体天皇説を採っている。

大山さんといえば、1999年の著作『〈聖徳太子〉の誕生』で聖徳太子虚構説を発表、賛否両論の大反響を巻き起こした人だが、実は「『書紀』には虚偽の記述が多い」が持論で、「『日本書紀』の記事とは一線を画し、日本古代史の全面的書き直しを目論んでいる」と明言する。

私は著書を読み、今回の旅の前に実際に会って話を聞いて、大胆だが説得力のある仮説の数々に大いに心を動かされた。そして、今回の旅では、折に触れて、訪ねる人々に大山説をぶつけてみようと思った。

その大山さんによると、「継体以前が前期のヤマト王権、継体以後が後期の大和王権」

ということになる。

ヤマト王権が三輪山山麓の纒向に成立したのは、そこが九州以東の最初の広い平野であり、峻険な山脈を隔てて、人口が多く、先進文化を渇望している東日本へ通じる通路口、東日本からすると文明の窓口だったからだ。

ヤマト王権は東日本の豊富な労働力や強力な軍事力を利用して畿内の開発を進め、列島各地へと勢力を伸ばした。

5世紀中葉、朝鮮半島情勢の変化を受けて王権は中国南朝に朝貢を開始した。すると、筑紫《つくし》や吉備《きび》、本来なら配下である葛城《かつらぎ》や紀伊《きい》などが勝手に半島に進出するようになり、王権の土台が揺らぎ始めた。動乱の余波で多くの渡来人が流入したが、王権には彼らを再編、管理する力はない。そして雄略が有力豪族の葛城氏を滅ぼし、479年に王権の後ろ楯だった中国南朝の宋も滅亡した。

「ヤマト王権の権力の源泉は、外交権

稲荷山古墳出土の鉄剣の獲《ワ》加《カ》多《タ》支《ケ》鹵《ル》大王の名。雄略天皇と推定されている

の独占と東日本の掌握です。それが二つとも崩壊してしまった。その間隙を突いて新王権を打ち立てたのが、東国勢力に支持された継体大王です。継体には、それ以前の大王たちと違い、実在性があります」

『日本書紀』の記述を換骨奪胎、中国や朝鮮半島の史書の内容を組み合わせた、非常にユニークな大和王権誕生説だった。

でも、驚くのはまだ早かった。

「継体は20年ほど各地を転々とし、大和に入ると磐余《いわれ》（奈良県桜井市）を宮都とします。この継体が、カムヤマトイワレヒコ、つまり神武天皇のモデルなのです。神武の大和平定は長期の武力闘争なので、その部分は壬申《じんしん》の乱の時の大海人皇子《おおあまのみこ》、すなわち天武天皇もモデルになっています」

つまり、継体と天武を合わせて創造したのが神武天皇というのである（神武東征が672年の壬申の乱を神話化したもの、という説は直木孝次郎氏もその著書『壬申の乱』の中で述べている）。『日本書紀』の記事は、現実を何重にも加工したものだと考えた方がいい、と言うのである。

「キーワードは万世一系ですね。『日本書紀』の編纂当時、伝承上の天皇にさまざまな加工を施し、何としても万世一系の系譜を作りたかったのは誰か？　自分たちの子孫を是が非でも天皇にしたかった7世紀末から8世紀初頭にかけての権力者、それは女帝の持統と腹心の藤原不比等《ふひと》です」

まさに目からウロコというべきか。天武天皇の妻だった鸕野讃良皇女《うののさらのひめみこ》（後の持統天皇）は、天武の死後、10人いた皇子のうち自分が産んだ草壁皇子を皇位に就けようとした。しかし草壁は28歳の若さで亡くなってしまう。そこで自ら即位し、強引に草壁の遺児を天皇（文武《もんむ》天皇）にした。このときに持統を助け権謀術数を駆使したのが藤原不比等（大化改新の立役者の中臣鎌足《なかとみのかまたり》の次男）である。不比等の娘（宮子）は文武天皇の妻となり、やがて聖《しょ》武《うむ》天皇が生まれた。そして持統が没すると、藤原不比等の執念とも言える「藤原氏の王朝」が実現するのである。

虚実織《ま》り交ぜた『日本書紀』の奥は深く、眩《まばゆ》い……。

私はそう思いながら、崇神天皇陵説もある西殿塚古墳を後にして、ヤマト王権の武器庫と言われる石上神宮へと向かった。

第6章

古代東国の中心地「上毛野」を行く

東海からの移住者たち

3世紀中頃から7世紀初頭にかけて、北は現在の岩手県から南は鹿児島県にいたる日本列島の各地で、今日まで残っているものだけでも、前方後円（方）墳が約5200基築造された。木棺や石槨《せっかく》、粘土などによる丁寧な遺骸の埋葬、墳頂部に並べられた楯形埴輪《はにわ》などに見られる辟邪《へきじゃ》の観念、神仙思想による不老長生を念じた三角縁神獣鏡《さんかくぶちしんじゅうきょう》、外敵を打ち倒す弓や剣、さらに食料増産のための農具などの副葬品。こうしたイデオロギー装置としての前方後円墳が、短時間のうちに全国の首長層に受け入れられたわけである。なぜか？

考古学者の広瀬和雄氏は、「亡き首長がカミと化して共同体を守るという共同幻想が、各地の支配層にとって、それぞれの共同体の再生産に欠かせない儀礼になったから」（『日本考古学の通説を疑う』）だと言う。共同体の再生産のため、死んだ首長を再生させてできるだけ多くの人に見せる「目で見る王権」、それが前方後円墳なのだ、と。しかし、墳丘長200メートルを超える巨大前方後円墳全35基のうち32基が奈良県と大阪府に存在するように、中央と地方の格差は圧倒的だ。

長い長い古墳時代、畿内から離れた地方では、どのような首長たちの活動があり、一般の農民たちの暮らしがあったのか？　大山誠一さんは、「ヤマト王権は東国の労働力と軍事力を利用して大和盆地や周辺の開発を進め、日本列島の盟主としての地位を固めることができた」と主張する。そこで、東国の中の東国、東日本で最大の前方後円墳を築き、5世紀後半になって畿内以外の地域での築造が著しく減少する中、ひとり大規模な前方後円墳を造り続けた群馬県（上毛野《かみつけの》）を訪ねることにした。

その日は、吹く風が冷たく肌寒い日だった。

私の目の前に、桜の木が生えた小高い丘陵が細長く横たわっていた。群馬県高崎市元島《もとしま》名《な》町の元島名将軍塚古墳（墳丘長95メートル）。4世紀前半の前方後方墳である。

群馬県は、円墳や群集墳を含めておよそ1万基もの古墳を有する古代の東日本の中心地だが、初期の大型古墳は前方後方墳。ヤマト王権（のちの大和朝廷）のシンボルである前方後円墳ではなかったのだ。

「うしろの方形部がもっこりと丘状で、前方部が低くなってますよね、これが初期の前方後方墳の特徴なんですよ」

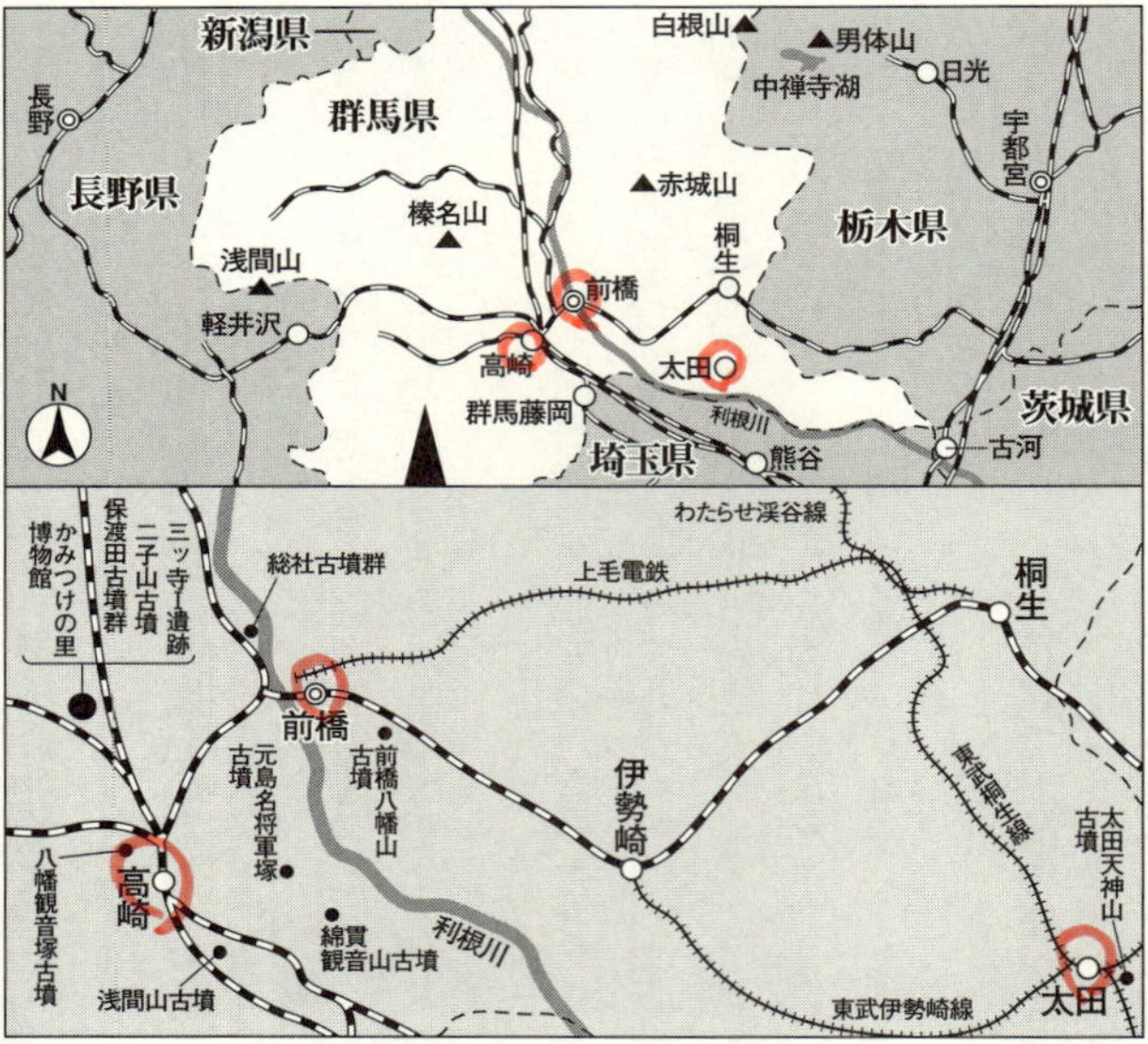

今回、案内役を頼んだ高崎市教育委員会文化財保護課の若狭徹さんが説明してくれた。若狭さんは、前日私が訪れた、かみつけの里博物館（高崎市井出町）の開設時からの中心人物で、常設展示解説書『よみがえる5世紀の世界』の本文執筆者でもある。この章の旅のテーマ、「知られざる古墳時代の東国の実態」を探るには、欠かせない同行者だった。

「前橋市の墳丘長130メートルの前橋八幡山古墳もそうですが、4世紀になって、現在の高崎市、前橋市、太田市あたりに突如として大型の前方後方墳が出現するんです」

前方後方墳を築いたのは、東海地方の伊勢湾沿岸地域からやってきた人びとだった。

3世紀半ばすぎの弥生時代末に、榛名山《はるなさん》南麓や赤城山《あかぎさん》南麓には在来の弥生集落があった。しかし、多くは山裾に張りついており、利根川やその支流域が形成する広大な低湿地は未開発だった。そこに、現在の愛知県方面から相当数の集団が移住してきたのだ。

「低湿地の集落跡や水田跡から、口縁の断面がS字状になった東海系S字甕《かめ》などの伊勢湾系土器がたくさん出土します。近畿系の土器ではなく、東海系なんですよ」

「移住してきたのは、覇権争いで邪馬台国《やまたいこく》に敗れた狗奴国《くなこく》の人びとでしょうか？」

古墳研究の第一人者である奈良大学教授の白石太一郎さんは、その著書『古墳とヤマト政権　古代国家はいかに形成されたか』の中で、古墳時代前期の前半に東日本で前方後方墳が広く造られたのは、濃尾《のうび》平野を根拠地とした狗奴国が前方後方墳を基本的な墓制としていたからであり、「濃尾平野の勢力を中心に中部・関東を含む狗奴国連合が形成」され、それが3世紀半ばすぎに「西日本の邪馬台国連合と合体した（傘下に入った）」と記している。

「うーん、私は、東海系集団の群馬への移住は、邪馬台国の動乱と何らかの関わりがあるとは思うけど、現段階で、東海イコール狗奴国、その末裔の移住とは思えませんね」

「『魏志倭人伝』の方位は南と東を取り違えているから、大和（邪馬台国）の東方が狗奴国、というのが畿内説の通説ですが？」

「そういうことよりも、当地の発掘調査によれば、移住者たちは高度の農業技術を持ち、開拓の目的でこの地に乗り込んできているんですね。負けて逃げてきた様子ではない。それに、後の東山道経由でやってきたとされていますが、東海系土器を追跡すると、東京湾から旧荒川を遡ってきているようなんです」

広大な土地が日本列島の内陸部に「空いていた」ために川を遡って入植したと思われる開拓者集団、それが始まりだと言う。

私は若狭さんの車に同乗して次の古墳へと向かった。車の中で若狭さんが言った。

「群馬県は古墳時代中ごろまで毛野（けの、けぬ）と呼ばれていました。一般には毛人《もうじん》（蝦夷《えみし》）のいる地だからとされてますが、私は違うと思う。毛《け》とは食《け》、食物（穀物）ですよ。美野《みの》（美濃）、科野《しなの》（信濃）のように、その土地の美称なんです。毛野《けの》は食物の豊かな土地、今に続く二毛作の土地です。だから古墳時代、東日本の中心たりえたんです」

窓の外の悪天候を吹き飛ばすほどに口調が熱い。

東国の雄、上毛野氏

5世紀初頭の時点で東日本最大の規模だった前方後円墳の浅間山《せんげんやま》古墳（高崎市倉賀野町）は、国道17号沿いにあった。ケヤキの雑木林に覆われ、墳丘長172メートルほど。

「5世紀というと、ヤマト王権が大阪平野の河内で大仙陵《だいせんりょう》古墳（伝・仁徳《にんとく》天皇陵）などの巨大古墳を次々に造る時代です。その頃、群馬では高崎と太田が二大勢力となっていて、高崎のこの浅間山古墳の後、おそらく全群馬の首長らに共立されたんでしょう、太田に太田天神山古墳という墳丘長210メートルの大古墳が築造され、それが約400年の古墳時代を通じて東日本における最大の古墳となります」

「太田天神山古墳の段階で、毛野の首長はヤマト王権の臣下でしょうか？」

「ヤマト王権を支えた強力な地方豪族の一人でしょうね。なぜなら太田天神山古墳の棺は、畿内で大王や大豪族しか使用が許されなかった長持型《ながもちがた》石棺です。吉備《きび》（岡山県）の造山《つくりやま》古墳の被葬者同様、地方の王ですよ」

私は東武線太田駅にほど近い太田天神山古墳に高崎来訪の前に立ち寄っていた。岡山市

東日本最大の太田天神山古墳（太田市＝太田市教育委員会提供）

の造山古墳（墳丘長340メートル）と比べると一回り小さいが、登って雑木林の中を縦断すると〝東日本最大〟を実感できる。縦断中、足元の灌木からヤマドリ（キジの雌？）が突然二羽飛び立って驚かされた。

「太田天神山古墳の後、5世紀中葉に群馬は上毛野《かみつけの》と呼ばれるようになり、ヤマト王権の忠実かつ有力な官僚となってヤマトの東国支配の中核を担うようになります。そのころ登場するのが、かみつけの里博物館で展示している保渡田《ほとだ》古墳群と三ツ寺I《みつでらいち》遺跡です」

上毛野氏は『日本書紀』の中に頻出する。

『日本書紀』崇神《すじん》天皇48年4月条に、「豊城命《とよきのみこと》を以《も》って東《あづまのくに》を治めしむ。是上毛野君、下毛野君の始祖《はじめのおや》なり」とあり、始祖が第10代崇神天皇の長男の豊城入彦命《とよきいりひこのみこと》だという。むろんこれは事実とは思えず伝承の部類だが、上毛野君の祖の荒田別《あらたわけ》が新羅《しらぎ》との戦争に将軍として派遣されたり（神功《じんぐう》皇后紀）、百済《くだら》から学者の王仁《わに》を連れてきたり（応神《おうじん》天皇紀）、あるいは上毛野君の竹《たけ》

復元・整備された保渡田古墳群の八幡塚古墳。墳丘長96メートルの前方後円墳の向こうに榛名山が見えた（著者撮影）

葉瀬《はせ》の弟、田道《たみち》が、新羅戦から四村の捕虜を連れ帰り、その後蝦夷の制圧に派遣され戦死したり（仁徳天皇紀）と、ヤマト王権の中で上毛野氏が主に外交と軍事に関わったことが記されている。そして、『日本書紀』天武《てんむ》天皇10年3月条によると、上毛野君三千《みちぢ》が臣下の筆頭として、『日本書紀』の編纂事業に参画しているのである。

つまり上毛野氏は、古墳時代中期から律令時代まで、東国の雄として活躍しているのだ。若狭さんは、群馬県が上毛野と呼ばれ始める（理由は栃木県域の豪族が有力となり下毛野《しもつけの》と呼ばれたことによる）5世紀半ば、榛名山東南麓に登場したのは上毛野氏の同族の車持《くるまもち》氏であり、その勢力の基盤は「先進的な灌漑、農業技術にあった」と見ている。

車郡→群馬郡→群馬県

私は訪ねたばかりのかみつけの里博物館を思い起こした。

博物館の所在地は高崎市井出町だが、2006年の市町村合併の前は旧群馬町であり、かつての上毛野の中心地の一つだった。周囲は豁然《かつぜん》とした眺望である。北方に大きく高く榛名山（1449メートル）と赤城山（1828メートル）がそびえ、その間を利根川がゆるやかに東方へと流れる。山々に抱かれた一大扇状地であり、古墳時代の人ならずとも心惹《ひ》かれる雄大な地形だ。

博物館の建物は、全長100メートル級の前方後円墳3基からなる保渡田古墳群の脇にある。古墳群は約1キロ離れた三ッ寺I遺跡の豪族居館の主《あるじ》たちの墓と目されている。

1981年に上越新幹線建設にともなう発掘調査で、幅約30～40メートル、深さ約3メートルの大規模な堀に囲まれた一辺90メートル四方の大型建物遺構が出土したとき、日本中が仰天した。我が国初の古墳時代の豪族居館が、火山の火砕流の下から現れたからだ。

現在、博物館内には、6世紀初頭と中期の2度の榛名山噴火の堆積物を取り去った、豪族居館や山麓の農村の本来の光景が精巧な復元模型で再現されている。堰《せき》を作り、三重の柵で囲まれ、館内に引き入れた水で聖水祭祀《さいし》を行っていた居館。その周辺に広がるムラ。円形の柵に囲まれた各家は複数の平地建物と一棟の竪穴住居、それにかなり広大な畑地から成り、それらが小道で結ばれ、ところどころに水場や土器を積み上げた祭祀の広場がある。ムラの中の日常的な祭祀の場所は、交差点、畑の脇、樹木の下、湧水地など予想以上に多かった。そして川沿いの低湿地に広がる、一つが畳1、2枚程度のおびただしい数のミニ区画の水田……。

三ッ寺Ⅰ遺跡で火山灰の下から発掘された、豪族の居館の推定復元模型（縮尺100分の１）＝（上）と、同じく復元された榛名山麓の農家の日常風景（縮尺80分の1）。さながら日本のミニ・ポンペイである（写真はいずれも「かみつけの里博物館」提供）

古墳時代の遺跡は

八幡塚古墳の内提上に復元された人物・動物などの埴輪群（著者撮影）

全国いたるところにあるが、その時代の豪族の館やムラ、農民の住居、田畑までそっくりセットで出土しているのはここしかなかった。まるで日本のミニ・ポンペイである。

「居館の主が車持氏だった証拠はあるんですか？」

私は若狭さんに尋ねた。

「これは古代史学者の前沢和之氏の説ですが、同じ土地が7世紀に〝車評《くるまごおり》〟と称され、地域の古社に車持明神があります。地方氏族としては珍しく職名（車とは貴人の乗る輿《こし》のこと）を冠する氏族であり、同時期と思《おぼ》しい雄略天皇から乗輿《じょうよ》を献じた功として車持姓を賜ったという賜姓《しせい》伝承もあります」

ちなみに、8世紀の大宝律令で国名、郡名を2字に改めるよう定められたとき、上毛野国は上野《こうずけ》国、車郡は群馬《くるま》郡に改められた。それが江戸時代まで続き、明治になって地域一帯の中核的郡名だった群馬郡の名称を採って群馬県が誕生した由。

「車持氏の豪族の居館の特色というと?」

「やはり、当時の首長が推し進めた農業改革の象徴的政治・祭祀拠点としての居館、ということでしょうね。古墳時代前期に低湿地開発を終えた首長らは、中期に山麓の湧水地帯に進出しました。所在地の〝井出《いで》〟は湧水地を示します。水源を確保し、水路を巡らせ、大規模な灌漑事業を実行し水田を増やした。いわば、地域の〝治水王〟なんです。だから、居館内で儀礼的な聖水祭祀を繰り返したわけですね」

井泉や導水祭祀遺跡は奈良盆地など畿内に多いが、その延長上にある儀礼遺構が上毛野にも入ってきた、という。

「水田が小区画なのはなぜですか?」

「有限な水を効率的に配水するためだと思います。それに小区画だと水の管理の微調整がしやすい」

「通常の発掘ではなく、火山堆積物に埋もれていたことでの新発見というのはありますか?」

「いろいろありますが、たとえば農民の家屋ですね。古墳時代の建物は漠然と竪穴式住居と高床倉庫と考えられてきましたが、実際は地面を掘り下げないで建てた平地の小屋が断然多く、住居のほかに倉庫や家畜小屋など多彩な使われ方をしていました。家畜は農耕用の牛や馬でしょうが、卵を取る鶏小屋などもあったかもしれない。また、農家の各戸に一つ付属する竪穴式住居ですけど、すべて土を乗せ草を上下に葺《ふ》いたサンドイッチ構造の土屋根でした。これだと、暖かいですが湿気があるので、冬期限定の住居だった可能性もあります」

「住居内での発見には、何がありますか？」

「炉に代わって、朝鮮半島から導入された最新調理施設のカマドが多数発見されました。それらは、甕を埋め込んだ作りつけ式です」

埋め込んだ甕を下から焚く方式のカマドは私も博物館の展示で見た。甕が取り外せないので、何とも奇妙な形だった。

「大丈夫です。あれでちゃんとご飯が炊けます。数年前に実験してみました。でも、周囲で甑《こしき》（蒸《む》し器）も出土しているので、米を蒸して食べていたことも考えられます」

カマドに限らず展示品には朝鮮半島系の遺物が多かった。首長の墓である保渡田古墳群の二子山古墳からは、朝鮮系の金銅製馬具や装飾具の破片が多数見つかっている。市内の谷《や》ツ《つ》古墳（箕郷町《みさと》）は朝鮮北部が源流の積石塚であり、日本で約二十例しかない華麗な金銅製飾履《しょくり》（装飾用の沓《くつ》）が発見された。須恵器に加えて、朝鮮半島系軟質土器の出土も少なくない。

そもそも、豪族居館の堰の築造や護岸の石貼り自体が渡来した新技術の応用だった。

「ヤマト王権は、蝦夷対策もあったのでしょう、上毛野を特別扱いしていました。半島や大陸からの新技術、新文化をいちはやく上毛野に伝えた。土木、冶金、金工、窯業、カマドの設計から衣服、装身具まであらゆる分野です。ある意味で渡来文化の実験場、ミニ・ヤマトなんです。また5世紀は、倭の五王が中国南北朝時代の宋（南朝）に朝貢し、高句麗《こうくり》・新羅・百済・伽耶《かや》の抗争に巻き込まれるなど、国際化の時代でした。新羅に派遣された上毛野氏が連れ帰った数百人の捕虜なども、直接その配下で働いたことでしょう。しかし、朝鮮半島の影響で最大のものと言えば馬匹《ばひつ》生産です。上毛野では広大な山裾と豊富な渡来人の知識・技術を使って多くの馬を飼育していました。馬は現在ならば自動車です。古墳時代に馬を飼育した牧《まき》というと、長野県飯田市など伊那地方が有名ですが、上毛野も馬をヤマトへと送り出す一大基地でした」

我々はそれから、朝鮮系の積石塚と馬の埋葬跡が発見された剣崎長瀞《ながとろ》西遺跡（剣崎町）

へ向かうことにした。古代の馬生産が現代の自動車生産、と聞いて、ふと自動車工場の正門が思い浮かんだ。東日本最大の太田天神山古墳へ行く途中で見た、太田駅近くのスバルの富士重工の群馬製作所本工場である。古代の馬匹生産の遺伝子が、現代にまで引き継がれているのであろうか？

八幡観音塚古墳の横穴式石室。玄室の大きさは関東一。巨大な石組みの中の若狭徹さん（著者撮影）

律令国家の立役者のルーツ

古墳時代は3世紀前半から7世紀後半までの約400年間とされているが、ヤマト王権のシンボルとされる前方後円墳が造られたのは6世紀末頃まで、その後は方墳や円墳になる。

私と若狭さんは6世紀末、つまり終末期の前方後円墳である高崎市八幡町の八幡観音塚古墳（墳丘長95メートル）の横穴式石室の中にいた。

埼玉県行田市の稲荷山古墳。出土した鉄剣の辛亥銘は、雄略朝の471年説が有力（著者撮影）

「ここは戦時中に防空壕を掘ろうとして見つけたんですが、ごらんください、この天井石。一つ20トンはありますよ。奥行15・3メートルある玄室の大きさも関東一です」

若狭さんは持参した懐中電灯で石室内を照らした。天井も、側壁も、巨大な自然石を使った石組みである。

「しかも未盗掘でした。副葬品はどれも国指定の重要文化財です。耳《じ》環《かん》、銀装圭頭太刀、挂甲《けいこう》、鉄鏃《てつぞく》、銅鋺、銅承台付蓋《どううけだいつきふた》鋺《わん》、画文帯環状乳神獣鏡《がもんたいかんじょうにゅうしんじゅうきょう》など、いずれ劣らぬ素晴らしい品々です」

「その画文帯環状乳神獣鏡ですが、先日埼玉県の埼玉《さきたま》古墳群の、国宝の金錯銘《きんさくめい》鉄剣が出土した稲荷山古墳（行田市、墳丘長１２０メートル）を見学したんですけど、その古墳の副葬品の画文帯環状乳神獣鏡が、ここの銅鏡と同じ型から作られていました。それはどうしてですか?」

「埼玉県の稲荷山古墳は5世紀後半ですから、それと同時代の古墳は群馬なら保渡田の二子山古墳です。そのころ東国の有力首長は、ヤマト王権に具体的貢献があると、当時の雄略天皇から中国製の画文帯神獣鏡を授かったのかもしれませんね。二子山古墳は盗掘されているため、あくまで推測ですけど」

稲荷山古墳鉄剣銘によれば、ヲワケ（乎獲居《をわけ》）という人物が「杖刀人《じょうとうじん》の首《かしら》（親衛隊の隊長）」として代々王権に仕え、ワカタケル大王（第21代雄略天皇）のときに統治を補佐した記念に、この鉄剣を作らせた、とある。ヲワケが地元武蔵《むさし》の豪族なのか、または中央から派遣された官吏か不明だが、いずれにせよヤマト王権と東国（武蔵や上毛野）との強い結びつきを示している。

「下賜された鏡があるというのは、この古墳が車持氏の子孫ということですか？」

「いや、6世紀中頃の2度目の噴火後、車持氏は居住地を移し、綿貫観音山古墳（綿貫町、墳丘長97メートル）を造ります。〝東の藤ノ木古墳〟と呼ばれる豪華な副葬品を持った古墳ですが、それが最後。たぶんその後は、上京して官僚になったのでしょう。この八幡観音塚古墳の被葬者は、名前はわかりませんが保渡田の車持氏とは別系です。でも、やはり5世紀後半に祖先が鏡を賜っていて、それが代々伝世されてきたものと思われますね」

若狭さんの話では、6世紀の2回目の噴火によって保渡田古墳群の系列が途絶えたのち、しばらく上毛野各地の首長の力は均衡していたが、7世紀に入ると前橋市の総社《そうじゃ》古墳群が優勢となる。8世紀の律令時代になって「上毛野氏」と呼ばれ上毛野国造《くにのみやつこ》になる一群の有力豪族が、実はこの総社古墳群の集団なのだ。

「6世紀、7世紀以降は、車持氏や上毛野氏の分派が畿内で次々に官僚になりますが、そこから日本の歴史を動かすような人物も出てきます。藤原（中臣《なかとみの》）鎌足《かまたり》の妻、つまり律令国家の立役者だった藤原不比等《ふひと》の母は、車持氏の出身です。不比等を養育した渡来人の田辺史《たなべのふひと》は、のちに上毛野姓を名乗っています」

藤原不比等が群馬の血を受け継いでいたとは、思いもよらぬ展開だった。古代の群馬がきわめて重要な地域だったことは間違いない。

アジア史学会の熊倉浩靖《ひろやす》氏が、2009年1月の『東アジアの古代文化』最終号で東国について興味深い見解を寄せている。『常陸国《ひたちのくに》風土記』の冒頭、「古は、相模の国足柄の岳坂より東の県《あがた》は、惣《す》べて我姫《あづま》の国と称《とな》ひき」とあるように、東国《あづま》は畿内と対置しうる独自の政治社会を持っていた。5世紀後半から8世紀前半にかけての、他地域とは異なる前方後円墳の盛行、豪族居館の集中立地、人物や馬中心の形象埴輪の盛行、中国北朝（北斉など）に起源する銅製容器の古墳埋納などがそうである。『古事記』雄略天皇段に次のような、三重の采女《うねめ》が奉ったとされる宮廷寿歌（天語歌《あまがたりうた》）がある。

「百足《ももだ》る槻《つき》（ケヤキ）が枝《え》は、上枝《ほつえ》は天《あめ》を覆《お》へり、中枝《なかつえ》は東《あづま》を覆へり、下枝《しづえ》は鄙《ひな》を覆へり」

ここで言う「鄙《ひな》」は蝦夷《えぞ》地、隼人《はやと》地のような夷狄《いてき》地のこと。とすると、古墳時代の倭国では、「天」と称する倭国大王の国土（直轄統治地域）の外に、東国、鄙《ひな》という従属すべき地域が同心円状に配された構造、と認識されていたのでは？　熊倉氏は「いささか大胆だが」と前置きしてこう述べる。「古代日本国家の完成とは天《あめ》と東国の再統合」「日本は、三層構造をもって推移した倭国が再統合されての姿と言ってよいのかもしれない」。

第7章

「聖徳太子はいなかった」説はホントなのか？

聖人、聖徳太子の造形

古代史学者の吉田一彦氏は、戦後の日本古代史は、東大国史学科の教授だった坂本太郎の「坂本パラダイム」に基盤を置いていると言う（以下、『聖徳太子の真実』所収の「近代歴史学と聖徳太子研究」より）。すなわち、日本古代史は律令国家（律令制）を中心に理解すべきで、それ以前はその準備過程、それ以後はその変質・崩壊過程として捉えるべし、とするものだ（この坂本説は今日ではさまざまに批判されているが、影響力はなお大きい）。その坂本パラダイムで律令制の出発点とされているのが「聖徳太子の親政」。坂本は、『日本書紀』の記述を一部不確かで造作があると認めつつも、全体では史実を伝えているとする。坂本はその著書『聖徳太子』で、太子を「不世出の偉人」とさえ論評している。

そうしたアカデミズムのサポートもあり、聖徳太子は日本の歴史上でもっとも著名な、しかももっとも尊敬される人物とされてきた。

例の顎鬚《あごひげ》の肖像画（宮内庁所蔵の唐本御影《とうほんみえい》）は1980年代半ばまで四半世紀余り1万円札の〝顔〟だったし、中学校の歴史の授業で一番最初に登場する〝重要人物〟だった。

今となっては懐かしい聖徳太子の１万円札。古銭ショップで新札が１万５千円で売られていた

ところが、最近異変が起きている。2010年春現在の清水書院の中学歴史教科書では、肖像画の下に「聖徳太子を描いたものではないとする説もある」と但《ただ》し書きがあり、日本書籍新社の教科書では、肖像画自体が掲載されておらず、しかも名前の表記が「厩戸皇子《うまやどのおうじ》（聖徳太子）」となっている。

中でもびっくりしたのは、帝国書院の中学歴史教科書である。表見返しの見開き2ページにわたって、「人物像の変化を見てみよう！」と題し、時代ごとの聖徳太子像の変遷がカラー写真付きで載っているのだ。聖徳太子は歴史の評価変化のシンボルになってしまったのか？

帝国書院の編集部を訪ねてみた。

「この10年、歴史の授業は単なる暗記から、揺

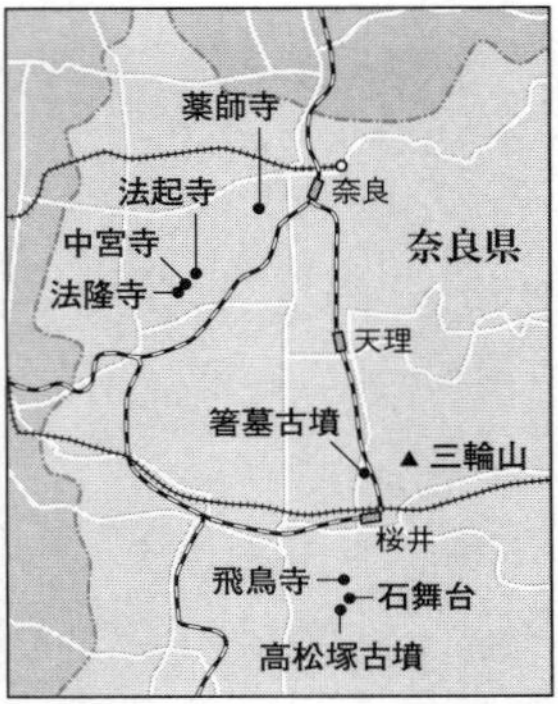

れ動く評価を調べる方向へと変わってきました。〝人物像の変化を見てみよう！〟の聖徳太子像変遷は、そのことを表しています」

応対したのは板谷《いたや》越《ごし》光昭・編集部歴史プロジェクトチーム課長。

「変化の代表選手が聖徳太子なんですか？」

「著者の先生方と相談した結果です。古代の有名人物ではありますが、死後にいくつも伝説が生まれ、仏教の盛衰とともに聖徳太子の人物像が変化しました」

「教科書の本文では、肖像画が〝伝聖徳太子像〟、解説文では表記が〝聖徳太子（厩戸皇子）〟となってますね。これはさまざまな異論を考慮しての措置ですか？」

「ええ。表記は、生前の呼び名を尊重するなら厩戸皇子ですが、それだけじゃちょっとわかりにくいので」

「大山誠一さんの〝聖徳太子虚構説〟は、影響していますか？」

「直接の影響、ということではないと思います。歴史上の人物や事物の評価が時代によって変化してゆく、という今日の時代の大きな潮流の反映ですね」

ちなみに、帝国書院の『社会科　中学生の歴史（初訂版）』によれば、聖徳太子の業績はこうなる。

「推古《すいこ》天皇の摂政《せっしょう》となった甥の聖徳太子（厩戸皇子）は蘇我氏と協力して新しい政治を行いました。太子は、大王中心の政治をめざして、冠位《かんい》十二階の制度を設け、有能な人を役人に用いようとしました。また、仏教や儒教の考え方を取り入れて十七条の憲法を定め、役人の心得を示しました。外交では、小野妹子《おののいもこ》らを隋《ずい》（中国）へ遣隋使としてつかわして、進んだ政治のしくみや文化を取り入れ、隋との対等な国交をめざしました」

誰もが見覚えのある「聖徳太子二王子像」（宮内庁蔵）

厩戸皇子が本当にこのような人物であったのなら、誠に偉大である。

厩戸皇子(聖徳太子)略年表		
574年	(敏達３)	太子誕生。
587年	(崇峻前紀)	蘇我馬子らが物部守屋を滅ぼす。太子従軍。
593年	(推古元)	太子を摂政とする。四天王寺建立。
594年	(推古２)	推古天皇が太子と馬子に三宝興隆の詔を発する。
598年	(推古６)	推古天皇、太子に勝鬘経を講経させる。
600年	(推古８)	新羅征討の軍を派遣する。
601年	(推古９)	斑鳩宮を興す。
603年	(推古11)	冠位十二階を制定する。
604年	(推古12)	憲法十七条を制定する。
605年	(推古13)	斑鳩宮に遷る。
607年	(推古15)	遣隋使を派遣。斑鳩寺（法隆寺）を創建か？
608年	(推古16)	小野妹子が隋より帰国し、隋使の裴世清が来日。
610年	(推古18)	新羅・任那の使者が来日。
613年	(推古21)	片岡山飢人伝説。
615年	(推古23)	法華義疏を完成か？
620年	(推古28)	蘇我馬子と「天皇記」「国記」などを編纂する。
621年	(推古29)	48歳で死去。妻の膳部妃もこの年に死去。

＊死亡の年については、622年（推古30）説もある

『日本書紀』に記された聖徳太子の生涯を、表にまとめてみた（略年表）。

が、それ以外にも『日本書紀』には多くのエピソードが載っている。例えば、馬屋の戸のところで誕生し、生まれてすぐにものを言い、成人してからは一度に10人の訴えを聞きわけ、未来を予知できた（『日本書紀』推古元年4月条）、などである。

亡くなった時、老いた者は愛児を、若者は両親を失った如く泣き叫び、農民らは耕作を止め、皆が「光を失って天地が崩れたも同じ。これからは誰を頼りにしたらいいのか」と嘆

いた（同・推古29年2月条）、という記述もある。

輝く業績と儒仏道の深い知識に加えてこの人望と超能力、まさに聖人と呼ぶほかない。この飛鳥《あすか》時代のスーパースターに対し、「すべて虚構」と異議を唱えたのが中部大学教授の古代史学者、大山誠一さんである。

大山さんは、1999年に『〈聖徳太子〉の誕生』を出版し、厩戸王（厩戸皇子）という一人の王族がいて、斑鳩宮《いかるが》に住み、斑鳩寺（法隆寺）を建立《こんりゅう》したことは事実だが、「それ以外のことは『日本書紀』の編者の偽造」と主張して、古代史研究の世界に大きな波紋を投じた。

疑惑の原点は2大史料の矛盾だった。大山さんは話し始めた。

「聖徳太子の実在を示す史料は、『書紀』の諸記事と、法隆寺系の史料の2系統があります。ところが『書紀』には、厩戸皇子が父の用明《ようめい》（天皇）の遺志を受け継ぎ薬師如来像を作ったなどの法隆寺系史料の記述はまったく出てこない。厩戸による法隆寺創建の記事さえもない。となれば、法隆寺系は〝聖人〟である太子が前提なので、2系統のうちより古いのは、『書紀』系ということになります」

しかし、その『日本書紀』の記述そのものが、「問題だらけ」と言う。

587年に厩戸皇子は14歳で蘇我馬子《そがのうまこ》による物部守屋《もののべのもりや》攻撃に参加、戦勝の誓いの通り、6年後に四天王寺を建立した、とある。14歳での戦闘参加に目をつむるとしても、難波《なにわ》の荒陵寺《あらはかでら》の建立はこの半世紀後のことである。荒陵寺が四天王寺と称されるのは7世紀後半の天武朝だ。時代がまるで合わない。

また、推古元年（593年）4月条に、厩戸を「皇太子」として政治を委ねたとあるが、皇位継承の資格を持つ「皇太子」制度の誕生は、飛鳥浄御原令《あすかきよみはらりょう》（689年）で定められた時である。ここにも約100年のズレがある。

では、聖徳太子最大の業績とされる憲法十七条の制定はどうか？　推古12年（604年）4月条に「皇太子親《みずか》ら肇《はじ》めて憲法十七条を作る」とあり、17条全文が載っている。

この件に関しては戦後間もなくの津田左右吉《そうきち》の批判があり、大山さんも基本的に賛同している。つまり、①第十二条に「国司国造」の語句があるが、「国司」は推古朝には存在せず、二つの併記は7世紀末以降のこと、②全体が中央集権と官僚政治の理念だが、そうした理念は大化改新（645年）以降に出てきた、③中国の古典表現が多用されているが、それらは『続日本紀《しょくにほんぎ》』（797年成立）の詔勅《しょうちょく》等に類似している。故に憲法十七条は7世紀末～8世紀末の作なのだ、と。

「要するに『日本書紀』には厩戸が高度な中国思想を有する為政者、理想的な聖天子として描かれているんです。描いたのは8世紀初頭に長く唐に留学していた僧の道慈《どうじ》、描かせたのは同じ8世紀初頭の藤原不比等《ふひと》と持統《じとう》天皇。それにこの件には長屋王《ながやおう》も関わっています。重要なのは、なぜ彼らが描かせたか、です」

持統天皇は690年から697年まで在位した女帝。藤原不比等は持統の腹心だった高級官僚。天武天皇の孫の長屋王は不比等の娘を妻にしている。この3人の権力者が、なぜ「理想的な聖天子」を必要としたか。大山さんは、「日本が先進国になり、中国的な国家になるには、法や制度を輸入するだけでなく、為政者が中国の皇帝のような存在でなければならないと考えた」と見る。そのモデルが、過去に日本にいたことにすればいい、と。

大山さんの説が従来説と違うのは、厩戸皇子を〝聖人〟の聖徳太子に造形した背景にまで踏み込んだことだ。

このような大山説に対して、歴史学の本流はどう対処したか？　広範な読者を持つ『日本の歴史03　大王《おおきみ》から天皇へ』を開くと、著者の熊谷公男氏は、『日本書紀』に描かれた厩戸皇子に関する文飾を「太子信仰の問題」としている。

厩戸皇子は、『日本書紀』より古い『古事記』で「豊聡耳命《とよとみみのみこと》」、法起寺《ほっきじ》の塔の露盤銘《ろばんめい》で

「上宮太子聖徳皇《じょうぐうたいししょうとくこう》」などと称されており、『日本書紀』成立以前に聖徳太子信仰が成立していた。だから、『日本書紀』は、「そのような既存の太子像を集成し、さらに儒教思想などを加味しながら聖徳太子像を完成させた」。当然、実在であると見なす。

憲法十七条の真偽についても、「推古朝のものと見てさしつかえない」と熊谷氏は記している。「国司」という役職は確かに大宝律令《たいほうりつりょう》（701年）以前は存在しないが、王権の政治拠点である屯倉《みやけ》に派遣された大王の使者（宰《みこともち》）を『書紀』の編者が国司とよぶことは大いにありうる」と言うのだ。

また、憲法十七条の内容は、全体として官人の職務遂行上の規範を説いたものだが、第三条の「詔《みことのり》を承《うけたまわ》りては必ず謹《つつし》め」とか、第八条の「群卿百寮《ぐんきょうひゃくりょう》、早く朝《まい》りて晏《おそ》く退《まか》でよ」など、「あまりに当然すぎる内容」であり、「このようなことをわざわざ定めなければならないのは、官僚制の萌芽期にこそふさわしい」と解釈して、津田・大山流の虚偽説を否定する。

もちろん、大山さんは批判論の中核である法起寺塔露盤銘や『古事記』の「豊聡耳命」に対しては、徹底した反証を挙げている（大山誠一編『聖徳太子の真実』所収の「法起寺塔露盤銘の成立」や「コラム『上宮』の意味」などを参照）。

結局、「和を以《もっ》って貴しと為す」（第一条）がこれまで信じられてきたように、本当に厩戸皇子（聖徳太子）の訓戒なのかどうか、いまだ決着を見ていないのが歴史学界の現状なのだ。

法隆寺で聖徳太子を考える

法隆寺を見学した後、隣接する中宮寺《ちゅうぐうじ》で天寿国繡帳《てんじゅこくしゅうちょう》を見た。厩戸皇子が推古30年（622年）に逝去した後、妃の橘大郎女《たちばなのおおいらつめ》が夫が往生した天寿国（極楽浄土）の様子を刺繡で作らせたもので、明治時代以来、聖徳太子の実在性を示す信憑性の高い史料とされてきた。

もっとも、本堂に展示してあるのは本来の天寿国繡帳の断片にすぎない（しかも複製品《レプリカ》、本物である国宝は奈良国立博物館に寄託）。問題の銘文は失われた部分にあり、『上宮聖徳法王帝説』に全文が載っている。

その銘文中の「世間虚仮、唯仏是真（世間《よのなか》は虚仮《こけ》にして、唯仏《ただほとけ》のみ是真《これまこと》なり）」が聖徳太子の言葉として有名だ。しかし、大山さんは、銘文が作られたとする推古朝（593年〜

現在の法隆寺（奈良県斑鳩町）

628年）になかったはずの「天皇」という称号（7世紀後半の天武朝が最初）が使われていることや、用明＝タチバナトヨヒのような死後の贈り名である和《わ》風《ふう》諡《し》号《ごう》が『記紀』編纂以前には確認できないことから、「天寿国繡帳の銘文は『記紀』以後の作製」と主張している。

また01年には、札幌大学准教授の金沢英之氏が天寿国繡帳銘文にある日付・干支の綿密な研究を発表した。当時の暦は中国から伝わってきた。銘文中の暦は儀《ぎ》鳳《ほう》暦だが、それならば銘文の作製は元嘉《げんか》暦と儀鳳暦が併用された持統4年（690年）以降か、儀鳳暦のみが使用された文武元年（697年）以降ということになる。聖徳太子が死亡した622年頃に儀鳳暦の使用はあり得ない……。

レプリカのせいもあってか、展示されている天寿国繡帳がにわかに色褪《あ》せて見えた。私はこの日、法隆寺金堂《こんどう》の薬師如来と釈迦三尊そして天寿国繡帳のいわゆる法隆寺系史料を、それぞれの光背《こうはい》銘文や銘文のコピーを片手に見て回ったことになるが、自分の中の法隆寺観が変化してきた気がするのは否めない。

確かに、「世界最古の木造建築」法隆寺そのものは美しい。高く優美な五重塔と圧倒的量感の金堂が、たっぷりとした空間を保って配置され、中門から眺めると絶妙な左右非対称《アシンメトリー》のバランス。大陸伝来のタテ型伽藍《がらん》配置ではなく、日本人好みの水平・安定志向、東西ヨコ並びの法隆寺式伽藍配置である。日本最初の世界文化遺産登録（1993年）も当然だと思う。

けれど目の前の法隆寺は、天智9年（670年）4月に炎上した後の、再建された建物だ。厩戸皇子は生前、現在の西院伽藍（塔、金堂、中門など）も東院伽藍（夢殿《ゆめどの》など）も目にしていない。加えて、金堂の釈迦如来像や薬師如来像、かつて宝蔵に安置してあった天寿国繡帳が、実は厩戸皇子と直接関係ないとすると、法隆寺の建築美は変わりなくても、法隆寺と一体だった「聖徳太子」のイメージは急速に薄くなる。

奈良県斑鳩町教育委員会の平田政彦さんの意見を聞いてみることにした。平田さんは04年、法隆寺域内の若草伽藍（創建法隆寺）跡の西側でそれまで発見できなかった焼けた瓦や壁土を発掘、100年以上続いてきた法隆寺再建・非再建論争に終止符を打った人である。

「あの火事、『日本書紀』の天智9年4月条に、〝夜半之後《あかつき》に、法隆寺に災《ひつ》けり。一屋《ひとつのいえ》も余《あま》ること無し。大雨《ひさめ》ふり雷《いかづち》震《な》る〟と記されている火事ですが、あれで創建法隆寺は本当に全焼したんですか？　それとも部分的な焼失？　大山誠一さんはあの記事は事実と見て、雷火で全焼したから厩戸皇子時代の釈迦如来像もその時焼けた。だから現在の釈迦如来像も光背の銘文も再建後に作られたものだ、としています。光背銘文中の語句の諸問題とは別に、全焼の問題があるということですが？」

「それは間違っていると思います」

法隆寺にほど近い斑鳩町役場で、平田さんは即答した。

「落雷を受けた五重塔は焼けたけど、金堂はさほど焼けなかったのではないですかね。なぜなら、出土した金堂の瓦の中には、焼けた瓦もあるけど、壊れただけで文様もハッキリ残っている瓦、全然焼けてない瓦があるんです。それから、再建した金堂に元の金堂のものらしき礎石が多数転用されています。裏返した石もありますが、充分に再利用できたんですね」

「金堂の釈迦像も焼けていなかった?」

「そう思いますね。釈迦如来像に焼けた痕跡はないし、光背部分がひしゃげているんですが、それは移動の際ぶつけたのでしょう。おそらく焼け跡の片付けと再建の間、同じ斑鳩の三井寺《みい》(後の法輪寺)あたりに一時避難したんだと思いますね」

「でも、火事の規模は、〝一屋も余ること無し〟となっていますよね?」

「礎石を撤去した後は穴ボコだらけです。当然、基壇を削って平らにし、現在のように〝若草〟の原っぱにしたと思います。それを何十年後かに『日本書紀』を編むにあたって現地調査したとすると、何一つ跡かたもないわけですから、〝一屋も余ること無し〟の状態に見えてもおかしくない」

「では、釈迦如来像は正真正銘の飛鳥時代の仏像というわけですね?」

「私は信用しています」

それから平田さんは、「大山説には少し無理があると思いますよ」と口を開いた。

「太子信仰によって聖徳太子像が膨らみすぎているのは事実かもしれません。でも、だからといって、〝全部虚構!〟と切り捨てるのは、いかがかと思いますね。現に厩戸皇子という人物は実在し、創建法隆寺もあったし、斑鳩宮もあったわけですし」

「大山さんの説では、その3点のみが事実ということです」

「いや、太子道《たいしみち》（別名・筋違い道）だってあります。住居があった斑鳩と政務を執《と》った飛鳥を結ぶ全長20キロにも及ぶ立派な道路で、太子一家のために作られました」

「それはそうですね。政務のためだったかどうかはともかく、当時としては大道路が作られました。ところで、摂政で皇太子のはずの厩戸皇子は、なぜ遠い斑鳩に移ったんでしょうか？」

「政治改革に限界を感じ、蘇我氏との間に距離を置いたんだと思います。太子は憲法十七条などで、天皇中心、仏教中心の政治を推進したけど、馬子に釘を刺された。これ以上やると穴穂部皇子《あなほべのみこ》や崇峻《すしゅん》天皇のように殺されかねない。だから国政から離れ、仏教研究に専念したんでしょうね」

平田さんは「私としてはやはり、摂政にして熱心な仏教研究者であった厩戸皇子の実在は信じたい」と言うのである。

しかしもちろん、金堂の釈迦如来像が火災にあわなかったとしても、それだけで癸《みずのと》未年《ひつじ》（623年）に像を作ったと記す光背の銘文が信用できるわけではない。大山さんは、次のような諸点から、銘文は後世の捏造《ねつぞう》だと主張する。

①冒頭の「法興（卅一年）」なる年号は、法興寺の建立から始まる私年号とされるが、大化改新（645年）以前に国内で年号が使われた証拠はない。また法興寺は飛鳥寺のことだが、「法興寺」のような中国的法号が有力寺院につけられるのは天武8年（679年）のこと。

②厩戸皇子を「上宮法皇」としている。「法皇」とは、仏典で釈迦を指す「法王」と君主号「天皇」の組み合わせと思われる（当時の中国文献に法皇の語はない）が、「天皇」の称号の正式採用は飛鳥浄御原令（689年）においてである。

③銘文中に、「知識」「仏師」の語句がある。「知識」は造寺・造仏などの協力者のことで、通常は仏教信仰が広く浸透した時代に使われる。仏像を作る専門家を指す「仏師」は、奈良時代初めにできた言葉で、初見は天平6年（734年）の正倉院文書。

きわめつきは、銘文では上宮法皇（厩戸皇子）の没年月日が推古30年（622年）2月22日と記されていること。『日本書紀』では推古29年（621年）2月5日である。大山説によると、長屋王一族を滅ぼした光明皇后と藤原武智麻呂《むちまろ》が政権にあった天平7年（735年）、前年の大地震に続いて疫病が大流行した。この年12月と翌年2月22日、僧行信の主導で光明皇后は大々的な法華経講読を法隆寺で行った。この時から「聖徳尊霊」（神としての聖徳太子）は光明皇后の守護神となり、２月22日は聖徳太子の薨日《こうじつ》（法隆寺の聖霊会《しょうりょうえ》）となる。享年が１歳多い49歳になったのも、中有《ちゅうう》（死後、次の生を受けるまでの期間）の49日間のように、49という数字がより仏教的だからだ。

大王だった？　蘇我馬子

明日香村の石舞台《いしぶたい》古墳は、『日本書紀』で「大臣薨《おおおみみう》せぬ。仍《よ》りて桃原墓《ももはらのはか》に葬《はぶ》る」と伝えられる蘇我馬子の墓である。

基底部が55×52メートルの方墳または上円下方墳。墳丘《ふんきゅう》を覆う土が取り去られ、巨石を組んだ日本最大級の横穴式石室が露出している（ずいぶん異様な姿だ）。

石舞台古墳のすぐ西には一辺40メートルの方形池を持つ島庄《しまのしょう》遺跡がある。「嶋大臣」と呼ばれた馬子の邸宅跡とされる。この区域は、７世紀前半の馬子の時代から7世紀後半の草壁皇子の嶋宮時代の建物群跡まで使用され、全体では東西南北３００メートル四方の広大な遺跡と判明した。

そしてその島庄遺跡から眺めると、７世紀前半の馬子の全盛時代には、北の方角に豪壮な瓦屋根の建物群、日本最初の本格寺院にして蘇我氏の氏寺だった馬子建立の飛鳥寺（『日本書紀』では法興寺《ほうこうじ》）が見えたはず。

石舞台古墳の前に立つと、588年の飛鳥寺建立に始まる飛鳥時代はまさに蘇我氏（とりわけ馬子）の時代、と誰しも思う。

明日香村の風景。左手前に石舞台が見える（上）。石舞台は蘇我馬子の墓と伝えられる

で、大山さんは言うのである。「蘇我馬子は大王（天皇）でした」と。

この突拍子もない結論が生まれる核にあるのは『日本書紀』の不可解な記述である。推古16年（608年）8月、来日した隋使の裴世清《はいせいせい》は朝廷に召され国書を手渡した。それを受け取った大伴連《おおとものむらじ》が大門《みかど》の前の机の上に置く場面で儀式は終了する。推古天皇も厩戸皇子も登場しない。

ところが、同じ日のことを記した中国の正史の『隋書倭国伝』では、裴世清は倭王に会い会話を交わしている。倭王は裴世清に、隋を「礼儀の国」と讃え、自らを「夷人《いじん》」と卑下し、「大国維新の化（隋の政治改革）を聞きたい」と語った。この時の倭王は「多利思比孤《たりしひこ》」。中国の開皇20年（600年）、第1回遣隋使の時に、「姓は阿毎《あめ》、字《あざな》は多利思比孤」と名乗ったのと同じ人物で、その折に、「王の妻は雉彌《きみ》と号し、後宮に女六、七百人有り。太子を名づけて利（和《わ》）歌彌多弗利《かみたふり》と為す《な》」と記録された推古朝の倭王だ。

この倭王はいったい誰か？ 「王の妻」「後宮に女」の記述があるから、少なくとも女性天皇の推古ではない。

大山さんは、当時の倭国の状況を検討すると、「倭王には、蘇我馬子以外の該当者は見当たらない」と言う。

前述の『日本の歴史03』の熊谷公男氏は、『隋書倭国伝』や唐代の類書の記述から「ワカミタフリ」という地位を「（推古朝の頃の倭国の）大王の長子、すなわち太子」とする。そして、ワカミタフリは「用明の長子である厩戸皇子以外には考えがたい」と記す。だが、それだと父の用明天皇が倭王になるが、用明は587年に没していて、600年の時点で遣隋使を送れるはずがないのである。

「飛鳥学」の権威である京都教育大学名誉教授の和田萃《あつむ》さんに確かめてみることにした。

「確かに、小墾田宮《おはりだのみや》での裴世清の国書捧呈《ほうてい》の時、厩戸皇子の姿はありません。推古18年(610年)に新羅《しらぎ》、任那《みまな》の使者が朝廷に参内した時も、厩戸の姿はない。いるべき時にいないのは、政治から離れ仏教に沈潜していたからです」

605年の斑鳩宮への移住を境に、厩戸皇子は蘇我馬子との共同統治を打ち切り、政治は馬子に任せたと和田さんは見る。

「でも、王宮の主は推古です。つまり裴世清が国書を捧げた倭王は推古女帝。『日本書紀』の記事通り、この国では大王すなわち天皇が使者と会って直接話を交わすことはない。今も昔もそうです」

「では、倭王と裴世清との会話は『隋書』が捏造したものですか?」

「臣下を経由した話を編者が書いたのでしょう。また、第1回遣隋使の倭王〝多利思比孤〟ですが、これは当時の大王の一般名だと思います。倭国の事情をよく知らない編者が、断片的情報から記事を書いたのではないかと思いますね」

『日本書紀』をドラマティックに否定する馬子＝大王説と、『日本書紀』に基づく現在の通説は、真っ向から対立する。

本当の飛鳥時代を知るためには、再度蘇我氏のことを洗い直す必要があるのではないかと、私は思った。蘇我稲目《いなめ》、馬子、蝦夷《えみし》、入鹿《いるか》と続き、大化改新で断絶する蘇我一族の興亡である。

大山さんが、「用明、崇峻、推古は大王（天皇）ではありません。なぜなら、大王としての施策や存在感が、まったくないからです」と公言している以上、よけいにそう思った。

第8章

大化改新の「真相」は？

蝦夷・入鹿は天皇を守った?

皇極《こうぎょく》4年(645年)6月12日、三韓進調(高句麗《こうくり》・百済《くだら》・新羅《しらぎ》の3国が倭国に対し貢物《みつぎもの》を献上する儀式)の日、飛鳥板蓋宮《あすかいたぶきのみや》の大極殿《だいごくでん》において、皇極女帝の目前で時の権力者蘇我入鹿《そがのいるか》が殺害されるという事件が起きた。世に言う大化改新《たいかのかいしん》である。

事件の背景には蘇我氏の専横があった。蘇我氏は一族の娘を后妃として天皇家に送り込み、外戚として権力をふるってきた。また、聖徳太子の息子である山背大兄王《やましろのおおえ》一族を攻め滅ぼすなど、目に余る悪業が多かった。そこで中大兄皇子《なかのおおえのおうじ》が中臣鎌足《なかとみのかまたり》と語らって入鹿の暗殺を計画。現場では、ためらう下臣をさしおいて皇子自らが斬りかかり、入鹿をみごとに倒した。

翌日、入鹿の父の蝦夷《えみし》は甘樫丘《あまかしのおか》の邸宅に火を放ち、自殺した。邸宅とともに『天皇記』『国記』なども被災した(『国記』のみは焼ける前に取り出された)。かくして蘇我本宗家は滅亡し、中大兄皇子は再び天皇家に権威を取り戻すことができた。この事件をきっかけに、中央集権化を目指す政治改革が次々に始まった……。

大化改新（蘇我入鹿暗殺は「乙巳の変」）は室町時代の多武峯縁起絵巻に描かれている。入鹿暗殺の瞬間（談山神社所蔵）

というのが、古代史の一大事件とされる大化改新についての通説である。通説であるから、むろん、異論や反論も少なくない。

一つ気になった番組がある。

2007年2月2日に放送されたNHKスペシャル「大化改新　隠された真相　〜飛鳥発掘調査報告〜」である。大化改新（厳密には暗殺事件自体は「乙巳《いっし》の変」）を見直す「画期的な新説」と話題になった番組だ。

冒頭、飛鳥（奈良県明日香《あすか》村一帯）の遠景と甘樫丘、甘樫丘東麓《とうろく》遺跡の発掘現場が映し出され「正史『日本書紀』によれば、権勢をほしいままにした蘇我入鹿を滅ぼすことで天皇中心の大化改新が可能になったとされるが、

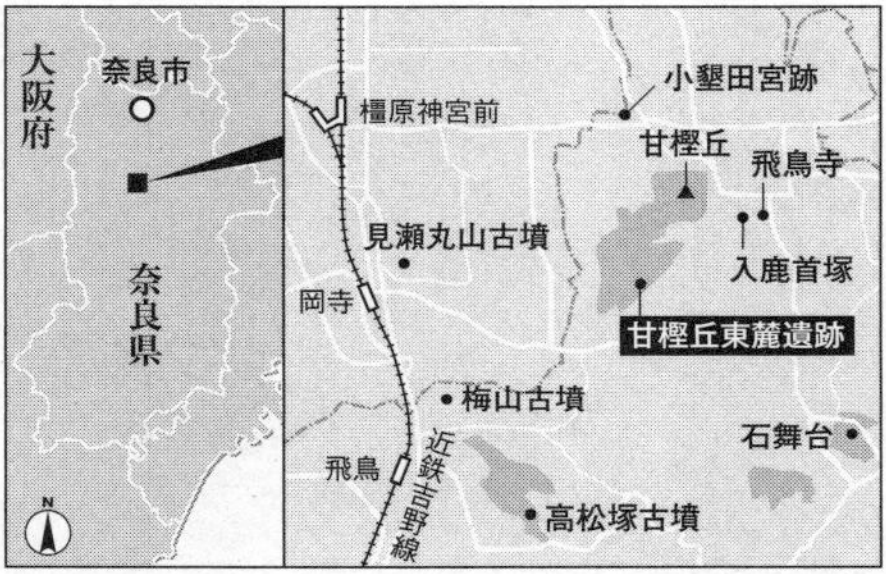

その通説を覆す遺構が今回発掘された」という趣旨のナレーションが被《かぶ》さる。

皇極3年（644年）11月、入鹿は甘樫丘に家を並べて作り、父親の蝦夷の家を「上《うえ》の宮《み》門《かど》」、自らの家を「谷《はざま》の宮門」と称し、子供たちを「王子《みこ》」と呼ばせた。したがって、遺跡から発掘された入鹿邸とおぼしい建物跡はさぞや大豪邸と思いきや、石垣や倉庫ばかり。『日本書紀』にある「城《き》柵《かき》」や「兵庫《つわものぐら》」を裏付けていた。とすると、入鹿邸は堅固な要塞だったのか？　何のための？　天皇の宮殿を守るための。

というわけで、考古学者の猪熊兼勝《いのくまかねかつ》氏ら著名な学者が次々に登場し、海外取材、CGによる復元映像も交え、一大仮説が展開されたのである。

いわく、逆臣とされる入鹿は実は外敵から天皇を守ろうとしていた。馬子《うまこ》（入鹿の祖父）の建てた飛鳥寺や馬子邸も天皇の宮殿を守る位置にあった。蘇我一族は渡来人と関係が深く、入鹿も国際情勢に通じた開明的な人物だった。しかし入鹿を暗殺した中大兄皇子は唐を敵に回す政策を採り、後年の白村江《はくすきのえ》の戦い（663年）で唐・新羅《しらぎ》連合軍に大敗、大化改新の政治改革は大幅に遅延した……。

炎上する蘇我氏の居館（談山神社所蔵）

決め台詞は斯界《しかい》の重鎮、故・門脇禎二《ていじ》氏の一言。「先進的な外交策を示していた入鹿が百済《くだら》一辺倒の中大兄らに殺されたということは、反動的な保守的なクーデターと言えないことはない」

けれど、この番組の論旨には、見終わった直後から疑問を感じた。

▽丘の上の館《やかた》は、宮殿を守ったのではなく見張っていたのでは？

▽入鹿と中大兄皇子の外交政策を対比させているが、中大兄は入鹿殺害時にまだ19歳。自分の政策を持っていたのか？

▽「改新の詔《みことのり》」を発したのは事件後に即位した孝徳《こうとく》天皇。中大兄ではない。なのに、番組中一度も孝徳天皇の名前が出てこないのはなぜなのか?

私は今回、飛鳥を訪れた時に、番組に出演した人たちに話を聞いてみた。

番組の最初に登場し、甘樫丘東麓遺跡を「(天皇を守る)軍事的要塞」と解説した京都橘《たちばな》大学名誉教授の猪熊兼勝さんは苦笑した。

「あのタイトルは、私がつけたわけじゃないんです(笑)」

力点は別のところにあったと言うのだ。

「外敵から倭国の都を守る要塞、という意味で話したんです。入鹿がなぜあの場所に邸宅を築いたかと言えば、配下の渡来人から情報を得ていたからです。538年に百済の聖王は都を公州《コンジュ》から扶余《プヨ》に移しますが、その際背後の扶蘇山《プソサン》を軍事要塞化した。激動する半島情勢の中、そうした故事を基に、入鹿父子は甘樫丘を扶蘇山同様の要塞に造り替えた、と私は思います。もちろん入鹿父子には自ら天皇になろうとしたフシがありますから、〝天皇を守るための要塞〟と吹聴したのかもしれない。そんな専横が目に余るので、中大兄らに滅ぼされたわけです」

結論の方も、番組とは意味合いがかなり違う。

もう一人は、明日香村教育委員会の相原嘉之《よしゆき》さん。発掘に携わった八釣《やつり》マキト遺跡（飛鳥寺の東方）が、要塞化した飛鳥を囲む軍事施設と紹介された。

「掘立柱《ほったてばしら》の塀ですからね。できた番組を見て、〝軍事施設？　そんなオーバーな！〟って驚きましたよ（笑）」

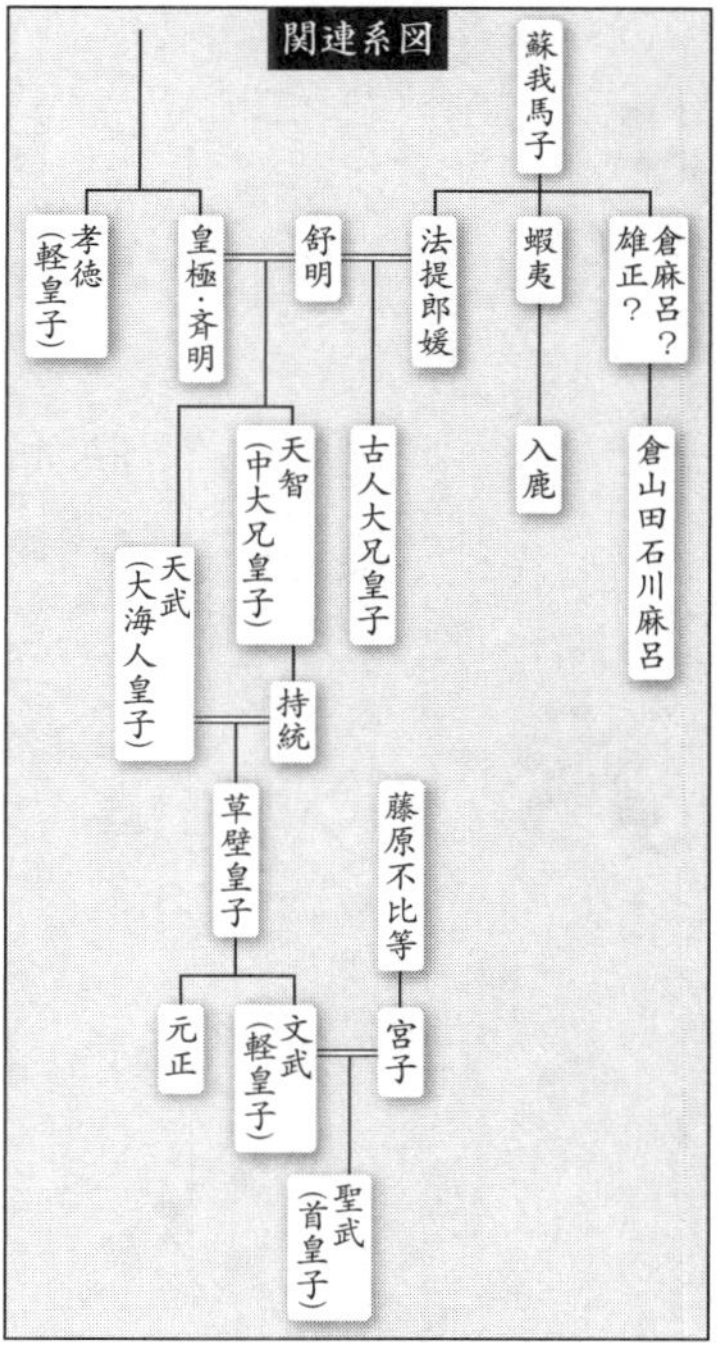

相原さんは、番組の方向性が監修役の門脇氏の主張に沿った結果だと言う。

「入鹿の邸宅が天皇の宮殿を見張っているのか、守っているのか。門脇先生は、飛鳥全体を要塞化させて守っていると見たんです。私は違いますが」

相原さんは飛鳥一帯を長年にわたって発掘してきた。

「その体験から言うと、都市計画より先に建物ありき、です。稲目《いなめ》のころに突然登場した蘇我氏は、馬子の代に飛鳥の北の入り口に巨大な飛鳥寺を建てた。そして長く磐余《いわれ》地域（桜井市）にあった宮殿を飛鳥の蘇我氏の敷地に作った。それが推古天皇の豊浦宮《とゆらのみや》や小墾田宮《おはりだのみや》です。次に馬子の島庄《しまのしょう》の邸宅が作られ、中間の、飛鳥寺と馬子邸の間の空閑地（空き地）に舒明《じょめい》天皇の飛鳥岡本宮を建設します。つまり蘇我氏は、自分の勢力圏に天皇を呼び込む形で都を作って行ったわけですね。それが入鹿時代には、甘樫丘から天皇の宮殿を見張り見下ろすまでになり、乙巳の変、ひいては大化改新を招いた」

「その大化改新は、成功だったんですか？」

「私は、過小評価は間違いだと思います。豪族による実力主義の時代から天皇集権国家へと大きく変貌しました。孝徳天皇が都を難波《なにわ》に移して建造した難波長柄豊碕宮《なにわながらとよさきのみや》は壮大な規模で、その意図は後の新益京《あらましのみやこ》（藤原京）に受け継がれます。乙巳の変の黒幕イコール孝徳説がありますが、案外そういうこともあり得ますね」

もはや番組とは全然重ならないのである。

孝徳天皇黒幕説

止利仏師《とりぶっし》作の飛鳥大仏（釈迦如来像）が安置されている現在の飛鳥寺（安居院《あんごいん》）は、本堂が江戸時代に再建された小さな寺だが、6世紀末の創建当時は、現在の約20倍の規模があり、蘇我馬子が作った日本最古の仏教寺院だった（このほかに、蘇我系寺院としては、田中廃寺《はいじ》、和田廃寺、豊浦寺《とゆら》〈＝飛鳥寺尼寺、下層の建物が豊浦宮とされる〉、奥山廃寺、山田寺がある）。

その安居院の西方に、「飛鳥寺西門跡」の案内板があって次のように記されている。

〈寺の西に、飛鳥の槻舞台「槻《つき》（ケヤキの古名）の木の広場」があった。中大兄皇子と中臣鎌足はここの蹴鞠《けまり》の場で出会い、645年、大化改新を成し遂げた〉

『日本書紀』皇極3年（644年）の記事にある蹴鞠の会

蘇我入鹿の首塚

の逸話である。

その「西門跡」から目と鼻の先に、蘇我入鹿の首塚がある。入鹿が殺害された飛鳥板蓋宮は飛鳥寺の南方なのだが、（鎌足を執拗に追い回した？）首はこの地に埋められ、鎌倉時代に入鹿の霊を鎮める五輪塔が建てられたと伝えられる。

要するに蘇我氏滅亡の乙巳の変の序章と最終章が、飛鳥寺西方の「槻の木の広場」に併存しているのだ。

本当のところ大化改新（狭義では乙巳の変）とはどのようなものだったのだろう、と私は思った。

いろいろな本を読んでみたが、興味を引かれたのは、孝徳天皇黒幕説である。先駆けとなったのは遠山美都男《みつお》氏の1993年の『大化改新』で、クーデター派の狙いを「我が国最初の譲位」とした。これに対し、あくまで孝徳天皇の野望と見たのが、2006年に出版された中村修也氏の『偽りの大化改新』である。

中村氏の設問は、中央集権国家の樹立を目指して蘇我氏を倒したとされる首謀者の中大兄皇子が、なぜ事件後すぐに即位しなかったのか、という疑問からスタートする。

確かに、乙巳の変後、中大兄の母親の皇極は譲位したものの、即位したのは叔父の軽王《かるのみ》子《こ》（孝徳天皇。中村氏は皇子を王子と記す）である。中大兄にすれば、王位継承権の順番が一挙に下がったことになる。これでは何のためのクーデターか？　しかも中大兄は孝徳死亡後も即位せず、母が再び王位について斉明《さいめい》天皇となった。その母の没後も7年間、皇太子のままだったのだ。

中大兄が即位しなかったのは、皇太子の方が自由に改革を遂行できるため、という説（孝徳傀儡《かいらい》説）がある。けれども中村氏は、これを「妄説」として退ける。

「大王ですら豪族合議制を重視する」時代に、「『皇太子』ごときが自由な政策を展開することはありえません」と。

中村氏は、乙巳の変の首謀者は軽王子であり、中大兄皇子や中臣鎌足ではなかった、と考察する。

事件当時の有力な王位継承候補は、古人大兄皇子《ふるひとおおえのおうじ》、中大兄、軽王子の3人だった。このうち古人大兄は実力者入鹿の推す候補者だった。中大兄はそのまま待っていれば母である女帝（皇極）から譲位を望める地位。すなわち軽王子のみが、即位のためには入鹿の排除と、姉である女帝の退位を絶対必要とする立場だったのだ。

中村氏は、「乙巳の変自体が（軽王子による）大王位の簒奪《さんだつ》を目的としたクーデター」と見る（弟は強引に姉から王位を奪った。だからこそ、姉は弟の死後、王位に返り咲いて斉明天皇になった）。

中大兄の首謀者説が成り立たないのは「入鹿を殺す動機がない」からと中村氏は記す。皇極朝はそもそも蘇我蝦夷・入鹿の支援によってできた政権。古人大兄までの中継ぎにせよ、皇極が王位にある限り中大兄にも即位の機会はあった。また、中大兄の幼名は葛城《かつらぎ》王子である。当時の葛城地方は蘇我氏の領有地であり、幼名の名がついたのなら中大兄の養育地だった可能性がある。入鹿と中大兄の距離は想像以上に近いのだ。

中大兄は乙巳の変に関与していない、となると、盟友鎌足の黒幕説も疑わしい。『日本書紀』では、鎌足が入鹿打倒のため中大兄に近づき、さまざまな策を弄したように書かれているが、立証は難しい。ただ、後年の鎌足が、即位した中大兄（天智《てんじ》天皇）から大織冠《たいしょっかん》（正一位に相当）を授けられるほど厚遇されたのは事実で、中村氏は白村江の敗北後の国家の危機的状況下、神官鎌足が「王と共に国難に対処した」功績とする。

では、新仮説による乙巳の変とは、次のような「密室劇」だったのか？

朝鮮3国から使者がきていた。高句麗、百済、新羅、いずれも交戦中であり、唐の動向も絡んで半島情勢は緊迫していた。倭国はどこと連携してどの方向に進むべきか。

その日、宮殿の一室で会議があった。皇極女帝、入鹿、古人大兄、軽王子らが出席した(中大兄と鎌足はいない)。入鹿の主張する百済・高句麗支援か軽王子の親唐路線か、いずれか決めなければならない。軽王子にとっては長年の対立に決着をつける日であり、ライバルを蹴落とし即位する千載一遇の機会だった。

軽王子は会議に出席していた安倍倉梯麻呂《くらはしまろ》や蘇我倉山田石川麻呂《くらやまだいしかわまろ》(2人とも軽王子の舅《しゅうと》)と示し合わせ、事前に侵入していた部下に入鹿を襲わせた。

姉の皇極に軽王子が退位を迫った口実は、その2年前、唐の太宗が新羅に「軍事的援助が欲しければ女帝(新羅国王の善徳王)をやめさせろ」と脅した実例、だったかもしれない……。

蘇我氏は大王家だった?

蘇我氏の出自はよくわかっていない。始祖は、第8代孝元天皇の曽孫(一説によると孫)の武内宿禰《たけうちのすくね》とされるが、疑わしい。蘇我氏本宗家の系譜に、満智《まち》、韓子《からこ》、高麗《こま》と朝鮮半島に関連する人名があり、蘇我氏渡来人説もあるものの、根拠に乏しい。

ともあれ、明確に歴史に登場するのは蘇我稲目《いなめ》からである。536年、第28代宣化《せんか》天皇の即位に際して稲目は大臣《おおおみ》に就任し、勢力を急速に伸ばし、続く欽明《きんめい》朝でも大臣在任。570年に没するまで34年間も大臣を務め、蘇我氏の政治権力を確固たるものにした。

大山説によると、この新たな中央豪族蘇我氏の勃興は、「実在性が信用できる最初の王朝である継体王朝」の成立と深く関わっていることになる。

既述のように、大山さんは、ヤマト王権を支える二つの柱を、「権力の源泉である東日本の支配」と「文化の源泉である大陸・朝鮮との外交」の独占だった、と見る。ところが5世紀半ば以降、筑紫、吉備、葛城、紀伊などがこぞって朝鮮の伽耶《かや》に進出、外交の独占が困難になった。多くの渡来人の流入や新しい技術の浸透により、東日本と西日本を隔てていた文化の壁は次第に意味をなさなくなった。巨大古墳は姿を消し、列島各地に大量の中小古墳が築かれるようになる。一種の下克上状態の現出である。

雄略大王が外交のパートナーだった葛城を滅ぼした後、ヤマト王権は急速に弱体化した。その一方、5世紀末から6世紀にかけて、朝鮮半島では新羅が一気に台頭、押され気味の百済や伽耶諸国は倭国の王権の援助をしきりに求めていた。国内でも国外でも、強力な権力の存在が緊急に必要とされていたのである。

6世紀に入って、葛城、吉備といったかつての大首長に代わって出てきたのは、蘇我や巨勢《こせ》、平群《へぐり》といった、郡や里、それ以下の地名を名乗る氏族たちだった。中でも有力だったのは、葛城の傘下にあって、葛城の抱えていた渡来人集団を掌握し、葛城の遺産だった外交権を継承した蘇我氏だった。この蘇我氏のような、新たな村落を基盤とした新しい豪族たちに支持されて成立したのが、継体新王朝である（5世紀までのヤマト王権と区別して、6世紀に再建された後期のヤマト王権を、大山さんは「大和王権」と記す）。

『日本書紀』で「応神天皇の五世の孫」とされている傍流のヲホド（男大迹《をほど》）王が、なぜ大王（天皇）になれたのか？　大山さんは、王権の二つの柱の一つ、東日本を支配下に置いたからだとする。3世紀には大和盆地を抑えればその目的を達することができたが、6世紀の段階では後に「三関《さんげん》」と称される三つの関所（北陸道の愛発《あらち》関、東海道の鈴鹿関、東山道の不破《ふわ》関）に接する近江国が東国への起点になっていた。継体はその近江出身である。『日本書紀』によると、継体の父彦主人王《ひこうし》は、近江国高島郡三尾《みお》の別業《なりどころ》に越前国坂井郡三国から振姫《ふりひめ》を妃として迎え、継体が誕生したと伝える。系図を見ると、父方の祖母は美濃の国造《くにのみやつこ》の娘で、8人ほどいる妻は、三尾、坂田、息長《おきなが》など琵琶湖沿岸の豪族の娘が多く、他に淀川流域の茨田《まんだ》、大和の東北部の和珥《わに》、それに尾張連《むらじ》の娘がいる。つまり近江を中心として越前、美濃、尾張などの東日本を支持基盤とし、さらに淀川流域を抑えていたのである。

『日本書紀』では、継体を擁立したのは大伴金村《かなむら》、物部麁鹿火《あらかい》などの有力豪族だとするが、大山さんは、「地名を氏名とせず、伴《とも》や部《べ》を称するのは上から組織された氏族。大和王権の権力基盤が整った継体朝以後に登場するもので、この段階ではまだ存在しない」と見る。

では、誰が継体を大和盆地へ招致したのか？　蘇我氏である。大山さんは言う。

「東国に強力な人脈を有するヲホド王と、葛城氏の後継者であった蘇我氏が手を結べば、強力な王権が成立することは、6世紀当時、誰にも容易に想像された構図なんです」

もちろん、旧有力豪族たちの抵抗もあって、すんなりとはいかない。皇統を継ぐ正当性を得るために、第24代仁賢《にんけん》天皇の娘である手白香皇女《たしらかのひめみこ》と結婚した、という説があるが、大山さんは採らない（前王朝はすでに崩壊しており、皇女には何ら政治力がなかった。実在性の薄い手白香をここに挿入したのは、『日本書紀』編者が何が何でも万世一系という論理を貫くための工作）。結局、継体が大和に入るまで20年近くかかってしまった。

継体は大和盆地に入ると、東国支配を念頭に置き、三輪山山麓に近い磐余《いわれ》を宮都とした。葛城氏の遺産を継承していた蘇我氏が本拠地としたのは、大和盆地西南部の葛城である。

磐余と葛城の中間地点が飛鳥で、やがて飛鳥が次の飛鳥時代の政権所在地となる。

私は、橿原《かしはら》市五条野町と見瀬《みせ》町にまたがる見瀬丸山古墳を見てから、明日香村の梅山古墳にやってきた。

奈良県最大の前方後円墳から明日香村唯一の前方後円墳へ。といっても、ともに蘇我馬子に関わる両古墳間の距離は700メートルほどしか離れていない。

墳丘長318メートルの見瀬丸山古墳の被葬者は蘇我稲目とその娘堅塩媛《きたしひめ》と伝えられる。墳丘長140メートルの梅山古墳の方は欽明陵とされ、被葬者は欽明天皇と妃の一人の堅塩媛。つまり、当初父親の墓に合葬されていた堅塩媛を、新たに夫の陵墓ができたので改葬したのだが、その式典を盛大に挙行したのが馬子だったのである。

『日本書紀』推古20年（612年）2月条に、「皇太夫人堅塩媛を檜隈大陵《ひのくまおおみささぎ》に改め葬った。この日、軽《かる》（橿原市大軽）の街中で誄《しのびごと》（死者を悼む詞）を奉上した」とあり、お供え用の祭器、喪服だけで1万5000種にのぼったと記す。

欽明陵での祭事は、8年後の推古28年（620年）10月にもあった。さざれ石（古墳用の細石）を、檜隈陵の敷石にした。域外に土を積み上げて山を造った。

各氏に命じて、大きな柱を土の山の上に建てさせた。倭漢坂上直《やまとのあやさかのうえのあたい》が建てた柱がずば抜けて高かった、と記事にある。

整備された欽明陵は紀伊から飛鳥へと入る入り口に位置し、苑池《えんち》や猿石などの饗宴施設も設けられた（江戸時代に欽明陵の南側の田から掘り出された猿石のうち4体は、現在、陵近くの吉備姫《きびひめ》王墓の敷地内に安置されている）。一連のこうした祭事は、「蘇我王朝の誕生を告げるもの」と大山さんは言う。

「推古20年の記事中に、境部摩理勢《さかいべのまりせ》（馬子の弟）に氏姓之本《うじかばねのもと》を誄させたという一節があります。これは死後40年以上たった欽明を蘇我一族に迎え入れるという意味でしょう。この時、馬子が王権を継承した可能性がある。あるいは推古《すいこ》28年の天を祭る宗教行事。欽明の贈り名のアメクニオシハラキがその時に成立したのなら、〝天地開闢《かいびゃく》の英雄〟としての欽明を、そこで馬子が受け継いだとも考えられる。いずれにしろこの時期に蘇我王朝が誕生したんだと思いますね」

大山さんによれば、在位中に施策らしい施策が何もない用明《ようめい》、崇峻《すしゅん》、推古は大王（天皇）ではなかった。「実権は馬子が握っていたけれど、大王は空位だった」のである。

そして、626年に馬子が死ぬと、敏達《びだつ》朝以後は息長氏と蘇我氏の連合関係が原則だったので、息長氏系の舒明が13年間王位につく（息長氏系とは、東国へ通じる三輪山南麓の押《おし》坂《さか》〈忍坂〉を本拠地とした押坂彦人大兄王《おしさかのひこひとのおおえ》の子孫の系譜のことで、舒明・皇極・天智・天武を経て持統《じとう》・草壁《くさかべ》・軽へと推移する皇統すべてが息長氏系）。

ここまでの歴史があり、それを『日本書紀』編纂時に藤原不比等《ふひと》が改竄《かいざん》したという前提がないと、「大化改新はわからない」と大山さんは主張する。

「不比等は、夭折した草壁皇子の遺児（文武《もんむ》天皇）を即位させ、その後宮（妃）に娘の宮子を入れて首《おびと》皇子（後の聖武《しょうむ》天皇）を得た。しかし幼少なので、元明《げんめい》、元正《げんしょう》の女帝を中継ぎに立てました。持統天皇と草壁・文武に続く、女帝と皇太子の組み合わせです。女帝で時間を稼ぎつつ皇太子の成長を待つ作戦です。不比等は草壁の妃にすぎなかった阿閉《あへ》皇女を即位（元明天皇）させるにつき、人々の目をそらすために平城遷都を発議し、即実行しています（平城遷都は710年）。結局、不比等は聖武の即位の前に亡くなるわけですが、正史である『日本書紀』を高天原《たかまがはら》・天孫降臨《てんそんこうりん》・万世一系の物語として作り、草壁と自分の血を引く王家を未来永劫存続させたかった。そこで、歴史から馬子が牛耳っていた時代を抹消し、皇太子首《おびと》のために、理想的モデルとして、推古女帝と厩戸皇子（聖徳太子）の物語を創作させたんです。舒明後の、皇極女帝と中大兄皇子のセットも同様にして不比等によって作られたものですよ」

大山さんによると、642年の皇極即位も『日本書紀』の捏造であり、事実上は蝦夷、入鹿大王だった。皇極朝には百済・高句麗の貴族や使者の来日の記事が増えるが、現に外交の場で中心的役割を果たしたのは常に蝦夷なのだ。

したがって、乙巳の変は大王位にあった蝦夷や入鹿に対する中大兄や鎌足らの純然たるクーデターと見るべきだ、と大山さんは言う。対立の主因は外交方針の食い違いだった。

「当時、朝鮮3国は非常に不安定な状態でした。新羅と百済・高句麗の間で抗争が激しくなり、高句麗では王や重臣が殺されるクーデターが勃発、百済に惨敗を喫した新羅は存亡の危機にありました。そこへ、644年、唐の太宗による高句麗征討の報です。3国から相次ぎ使者が来日してお互いに支援を訴え、倭国としては態度を決しなければいけない。積極的介入か、態度保留か。私は、さまざまな渡来人を抱えていた蘇我大王家は、どの国を支援すると決断しにくかったと思いますね。それに対し積極的介入派の中大兄らが暴力に訴えたのは、そのころ朝鮮半島に吹き荒れていた血の粛清の反映かもしれません」

明日香村教委の相原さんは、皇極朝に蘇我氏が甘樫丘に邸宅を作った頃、甘樫丘東麓遺跡だけでなく、甘樫丘全体が要塞化していた、と考える。

「天皇をも超える存在だった蘇我氏の実態を探る鍵は、甘樫丘の全貌解明にあると思いますね」と言う。

蘇我入鹿の邸宅跡と見られる甘樫丘東麓遺跡。2009年6月にも飛鳥時代の石垣が出土した。過去の調査分を含め、総延長は34メートルある

甘樫丘から望んだ明日香村の風景

甘樫丘の北端に展望台がある。

そこから東側を眺めると、入鹿の首塚がありり飛鳥寺があり、田んぼの中を飛鳥川が流れ、飛鳥板蓋宮跡（上層に飛鳥岡本宮・飛鳥浄御原宮跡があり3層の遺構）がある。飛鳥は7世紀、約100年の間日本の首都だった地だが、最大でも南北約3キロで東西わずか700メートル（狭義では1200メートル×500メートル）の小盆地にすぎない。北側の広大な奈良盆地を猫の背中とすると、まるで尻尾のようだ。

そんな猫の尻尾のような土地に、千三百数十年を経て、しぶとく亡霊のように、蘇我氏の痕跡がクッキリと残っているのが不思議だった。やはり、蘇我氏は3代にわたって実在した大王家だったのだろうか？

第9章

伊勢神宮は
いつ誕生したのか

伊勢神宮の創祀

三重県多気《たき》郡明和《めいわ》町。国指定の史跡である斎宮跡《さいくう》にやってきた。青空の下、平安時代の斎宮の復元模型が広がっている。10分の1の大きさだが、斎王《さいおう》（伊勢神宮に仕える未婚の皇女や皇族女性）の住む内院、長官の執務する中院、その他舎人《とねりの》司《つかさ》や膳部《かしわでのつかさ》司などの斎宮寮の建物が碁盤目状の区画に何十となく並んでいる。

案内書によれば、勤務の役人だけで500人以上、当時の国庁（今の県庁）より大規模だったという。

三重県伊勢市にある伊勢神宮（正式名称は単に神宮）の特色は、皇室の宗廟《そうびょう》（先祖を祭った神社）であることと、皇大神宮《こうたいじんぐう》（内宮《ないくう》、祭神は天照大神《あまてらすおおみかみ》）と豊受大神宮《とようけだいじんぐう》（外宮《げくう》、祭神は豊《とよ》受大神《うけのおおかみ》）の二つの正宮《しょうぐう》を持つこと、それに20年に一度、社殿や神宝類すべてを一新する式《しき》年遷宮《ねんせんぐう》があることだ。

だが、14世紀の後醍醐《ごだいご》天皇の時代まではもう一つ、斎宮の制度があった。皇祖神の天照大神を祭るのは天皇ではなく、斎宮に住む斎王（通常、「さいおう」と呼んでいるが、正しい

伊勢神宮。2009年11月３日、「渡女《わたりめ》」を先頭に、20年ぶりに一新された五十鈴川にかかる宇治橋の渡り始めが行われた

読み方は不明）の務めだった。伊勢神宮に天皇自身が参拝するのは明治天皇以降である。

この斎宮制度の発端は『日本書紀』の記事である。第10代崇神《すじん》天皇の時に、天皇の命で天照大神を宮殿内からヤマトの笠縫邑《かさぬいのむら》に移し、皇女の豊鍬入姫命《とよすきいりひめのみこと》に祭らせた。次の第11代垂仁《すいにん》天皇の時代、皇女の倭姫命《やまとひめのみこと》はよりふさわしい宮処《みやどころ》を求めて伊賀、近江、美濃などを巡幸し、伊勢国に至った時に天照大神のお告げを聞き、指示通りに伊勢国に祠《やしろ》を立て、五十鈴《いすず》川の川上に斎宮を建て、これを磯宮《いそのみや》と呼んだ、と記される。

ということは、御杖代《みつえしろ》（神の杖となり奉仕する者）の斎王と伊勢神宮の創祀《そうし》（誕生のいきさつ）が深く関わっていることを示している。

もちろん、倭姫命の記事は神話的物語である。

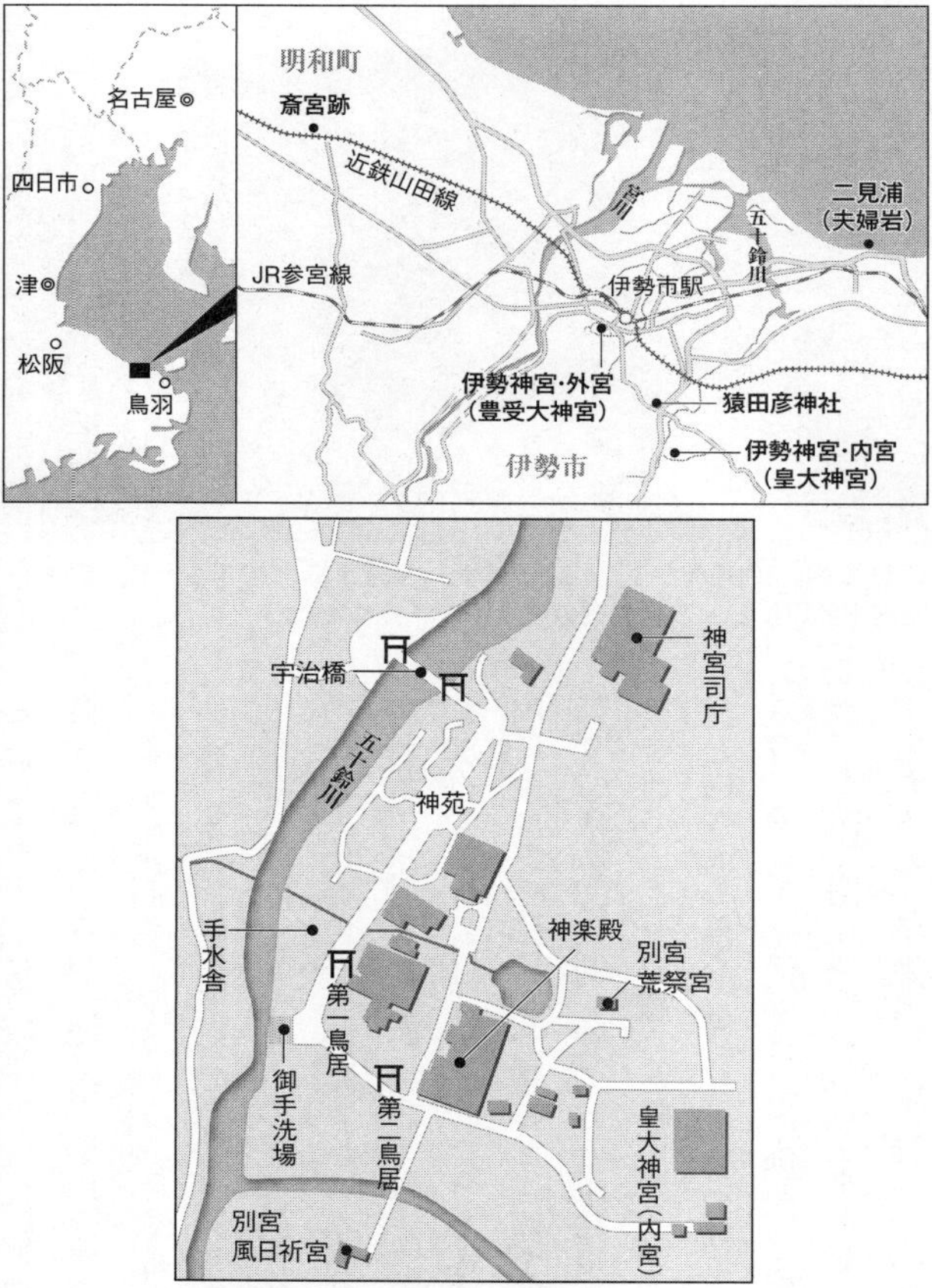

伊勢神宮の内宮の様子（神宮のホームページを参考に作成）

現在の歴史学の通説では、実在した最古の斎王は、６７３年に就任し翌年伊勢に入った、第40代天武《てんむ》天皇の娘の大来皇女《おおくのひめみこ》とされる。以後天皇の代替わりごとに皇女ないしは皇族女性が斎王に選ばれ、斎宮制度は14世紀まで約６６０年間続いたのである。

そこで私は、最初期の斎宮（『日本書紀』で言う〝祠〟？）に関する情報を得ようと、斎宮跡の斎宮歴史博物館内にある三重県埋蔵文化財センターを訪れたのだが、「現在掘っているのは平安時代の斎宮跡。飛鳥、奈良時代の斎宮跡は、博物館の南側にあったことまではわかっていますが、詳しい発掘調査はこれからです」（活用支援課・中川明さん）とのことだった。

８世紀の建物跡は、史跡中央部を斜めに貫く古代官道（伊勢道）の南側一帯にあった。そこから出土した遺物が

空から見た伊勢神宮。緑の豊かさが良くわかる

博物館に展示されていたが、大きな角《つの》を持った羊形硯《すずり》や鳥形硯など、盛んな文書行政を示す多くの硯があった。また、三彩陶器や朱彩の土馬など、シルクロードとの関連を思わせる珍しい遺物もあった（まだ木簡《もっかん》類が出土していないが、今後文字を記した木簡が発見されれば、多くのことが解明されそうである）。

さて、かつての斎宮跡にきて思うのは、137ヘクタールという史跡の広大さと、伊勢神宮までの距離だった。

斎王は往時、9月の神嘗《かんなめ》祭や年2回の月次《つきなみ》祭のたびに、斎宮から伊勢神宮まで通っていたそうだが、外宮までで約10キロ、内宮までは15キロ近くもある。

なぜ斎宮は、伊勢神宮から遠く離れた多気郡にあったのだろうか？

伊勢神宮の始まりについては、①垂仁朝（3世紀後半）、②雄略《ゆうりゃく》朝（5世紀後半）、③推《すい》古《こ》朝（6世紀後半）、④天武《てんむ》・持統《じとう》朝（7世紀後半）、⑤文武《もんむ》2年（698年）などさまざまな説があり、いまだに確定していない。中部大学教授の大山誠一さんが採るのは、このうち⑤の説だ。

「『日本書紀』に続く正史『続日本紀《しょくにほんぎ》』文武天皇2年12月条に、〈多気大神宮を度会《わたらい》郡に遷《うつ》す〉とあります。私はこの時、文武即位と同時に多気郡で祭っていたアマテラスを度会郡に移したのだと思う。これが実質的な内宮の成立時期なんです」

大山さんによれば、大化改新《たいかのかいしん》（645年）で帝位についた息長《おきなが》氏系の王族は東国に対して強い関心があり、伊勢湾の交通路掌握を目指し、多気・度会の二郡を朝廷の直轄地に編入した。そして、多気郡に祭祀行政の施設を設け、当初は地元の豪族の度会氏が祭っていたのと同じ伊勢大神を祭った（その祠が斎宮の前身となった）。

ところが持統6年（692年）、持統天皇の行幸《ぎょうこう》を機に祭神が変わる。

「この年3月、持統は三輪朝臣高市麻呂《みわのあそんたけちまろ》の反対を押し切って伊勢・志摩に行幸しました。この時に、大和の初瀬《はつせ》に祭っていた日神（＝太陽神）を、多気郡の〝伊勢の祠〟（＝斎宮）に移したんだと思いますね」

『日本書紀』では、「農業の妨げ」というのが再三にわたる中納言三輪氏の反対理由だが、三輪氏と言えば王権の重臣であり、三輪山祭祀にあたってきた大田田根子《おおたたねこ》の後裔である。実際の理由は国家の神祇祭祀の根幹にかかわる重大事だったのだ。

そして、この持統の伊勢行幸が倭姫命の巡幸神話のモデルになった。

「大事なのはその後です」

大山さんは半身を乗り出して言った。

「私は〝天孫降臨《てんそんこうりん》神話創作の第2段階〟と呼んでいますが、一人息子の草壁《くさかべ》皇子を失ったために中継ぎで王位についていた持統が、697年、15歳になった孫の軽皇子《かるのみこ》についに譲位します。15歳の即位（文武天皇）も異例なら、孫への譲位も異例。その強引な正当化のために、持統が絶対必要としたのが天孫降臨神話でした。持統がアマテラスになり、文武が降臨するニニギになった。これが『日本書紀』に書かれている第一書の神話です」

「そうすると、文武即位の697年の時点で天照大神が誕生し、それからすぐに伊勢の斎宮の日神と交代したわけですか？」

「そうなりますね。文武の即位の詔《みことのり》の中に〝高天原《たかまがはら》〟という言葉が初めて登場します。アマテラスが君臨する世界がその即位の時にできあがったんです」

つまり、持統天皇の孫への譲位の正当化のため、持統の側近だった藤原不比等《ふひと》によって採用されたのが天孫降臨の神話だというのだ（持統は『日本書紀』において、高天原広野姫《たかまのはらひろのひめの》天皇《すめらみこと》と称される）。

天照大神はその時に誕生し、大和から伊勢へと移されたのである。

「では、内宮と外宮の成立は？」

「文武2年（698年）ごろ、荒木田氏や宇治土公《うじとこ》氏ら多気郡周辺の勢力が、中央の中臣氏の保護の下、度会郡の五十鈴川の川上を占拠して、そこにアマテラスを招致したんでしょうね。それが内宮。度会郡山田原にあって度会氏が祭っていた伊勢大神は、内宮成立によりアマテラスに朝夕の食事を運ぶ御饌津神《みけつかみ》とされた。それが外宮。御饌殿《みけでん》の正式な創設は神亀《じんぎ》6年（729年）で、外宮という呼称になるのは平安中期以降です」

要するに、持統と不比等の政権は8世紀前後に伊勢地方の宗教秩序を再編し、中央の天照大神体制に組み込んだということになる。

ちなみに、持統と文武の没後、天孫降臨のストーリーは書き直され（『日本書紀』の本文だったものが第一書へ）、女神のアマテラスは後退し、男の太陽神のタカミムスヒが最高神となる。タカミムスヒが藤原不比等、ニニギが不比等の孫の首皇子《おびと》（聖武天皇）。それが『日本書紀』の新たな本文となり、不比等の大計画《プロジェクト》が完成した、というのが大山説だ。

なぜ天「子」降臨ではなく、天「孫」降臨なのか。なぜ『日本書紀』の皇祖神は、天照大神ではなく最終的に高皇産霊尊《たかみむすひのみこと》なのか。

長年の疑問が解ける説明ではある。

神宮は論争に参加しない

なにごとのおはしますかは知らねどもかたじけなさに涙こぼるる

ずいぶん前、20代のころに初めて伊勢神宮の鬱蒼《うっそう》とした参道を歩いた時は、柄にもなく厳粛な気持ちになり、西行《さいぎょう》の歌を思い浮かべたりした。

しかし今回はかなり醒《さ》めていた。

取材者としてメモ帳片手に行動したせいか、年齢のせいなのか、それとも少し楽しみにしていた内宮の宇治橋が、この年たまたま式年遷宮の架け替えの年で、私が訪れたときには渡ることができなかったせいか……。

内宮の入り口、五十鈴川にかかる宇治橋は俗界と聖域との架け橋である。緩やかなアーチを描く全長102メートルの長大な木造橋で、橋から眺める風景が絶景とされてきた。

だが今回は、橋の上でクレーンが唸り大勢の宮大工が働いていた。第62回の式年遷宮は平成25年（2013年）だが、その前の儀式としてこの年（09年）11月3日の宇治橋渡始式《わたりはじめしき》がある。それに向けての急ピッチの工事が行われていたのだ。

宇治橋を越した左手の神宮司庁の建物で広報室長の小堀邦夫さんに話を聞いた。神宮司庁は内宮と外宮を合わせた宗教法人神宮の事務所である。

「式年遷宮の祭典は4年前の山口祭（伐採用材の山口の神を祭る）から始まり、8年間に主要なものだけで33回あります。そのクライマックスが2013年秋の遷御《せんぎょ》の儀、ご神体（神鏡＝八咫鏡《やたのかがみ》）を旧殿から隣接する新調の御正殿にお移しする儀式です。一般参観はできませんけどね」

一般人も含めて6万人が集まった渡始式

持統4年（690年）に始まった式年遷宮がなぜ20年ごとなのかは、茅葺《かやぶ》き掘立柱《ほったてばしら》建築の耐久限界説や大陸渡来の暦学由来説など諸説あるが、神道には古来「常若《とこわか》」という理想があり、常に若々しく元気であれという信仰の現れなのだという。

「今回の式年遷宮の総費用は約550億円です。330億円が神宮の自己資金で、220億円が全国の皆様にお願いする奉賛金。資金もそうですが、技術継承の問題が毎回難しくなってますね」

式年遷宮では、714種約1600点の装束・神宝も新たに作る。このうち調度品や太刀などは「20年に一度の注文」なので、製作できる職人が急速に減少しているのだ。

ところで伊勢神宮の創祀である。伊勢神宮の案内書やパンフレット類では現在、①内宮の現在地への鎮座は垂仁26年（約2000年前）、②外宮の鎮座は雄略22年（5世紀）としている。①は『日本書紀』の記述と古代中国の讖緯《しんい》説の暦法、②は『等由気太神宮儀式帳《とゆけだいじんぐう》』の記述（雄略天皇の時代に丹波から天照大神の食事を司る神を迎えた）と歴史年代の西暦を基盤としている。そもそもの暦が両者違うのだ。しかし、それらの伝承と一線を画した最近の歴史学の成果については神宮側はどう考えるのだろうか？

「神宮が史料批判の論争に参加するつもりはありません。学問的論争は、いずれ落ち着くべきところに落ち着くものと思っています」

神官にして詩人でもある広報室長は、私の質問に穏やかな表情でそう答えた。

私は、伊勢市の皇學館《こうがくかん》大学史料編纂《へんさん》所に、考古学と日本古代史を専攻している岡田登教授を訪ねてみることにした。

神主姿や巫女《みこ》姿の学生たちとすれ違ったりする皇學館大のキャンパス。研究室で私が来訪の趣旨を説明すると、

「私は『日本書紀』に書かれていることで特段間違いないと思います」

開口一番、岡田さんは言った。

讖緯説を適用すると内宮の鎮座は紀元前4年になるが、そこは岡田さんも第一線の研究者、歴史学に則《のっと》り3世紀末とする。しかし垂仁天皇の命で倭姫命が伊勢に遣わされ、五十鈴川の川上に天照大神を祭ったことは、「史実ですよ」と落ち着いた口調で言う。

「倭姫命の巡幸には、大和朝廷が東日本に勢力基盤を築いてゆく背景がありました。で、伊賀までやってきた倭姫命は、すぐに伊勢に入らず近江に向かわれた。なぜか？　阿佐鹿《あさか》、現在の松阪市に悪神がいたからです。津から松阪あたりにかけて、太陽を崇拝する強力な地方豪族がいた。彼らの祭っていた国つ神（土地神）が猿田彦《さるたひこ》神です。倭姫命の随臣がこの荒ぶる神を平定したから倭姫命は伊勢に入れました。豪族側から見れば、猿田彦神が中

央の神に降参した形になる。松阪市の大阿坂《あざか》と小阿坂には猿田彦神を祭った阿射加《あざか》神社が残っています。また旧一志《いちし》郡（現・津市）に物部神社がありますが、これは悪神を平らげた随臣の物部氏が地元豪族と婚姻関係を結び、土地に定着したんですね」

岡田さんによれば、大和朝廷が地元の神を取り込んできた過程が今も形となって明瞭に残っている。だから巡幸説は事実だと。

「『日本書紀』の記事を〝信じられない〟と言う方がおかしいですよ。もし国家の正史に嘘が書いてあれば、当時の氏族集団や渡来人が黙っていますか？　嘘の正史だとしたら、臣下は誰も朝廷についていきません」

「でも、考古学的な証明が……」

すると、岡田さんは席を立ち、小箱を手にして戻ってきた。

「これは私が04年に伊勢市の桶子《おけご》遺跡で採取した銅鐸片です。意図的に破壊された近畿式銅鐸《どうたく》の鰭《ひれ》（側面の突出部）の一部です。これまで〝内宮の鎮座する地域に6世紀以前の遺跡や考古遺物がない。だから『日本書紀』に記された古伝は歴史的事実ではない〟と言われてきましたが、これは、初期ヤマト王権の中心地とみられる奈良県桜井市の纒向《まきむく》遺跡から出土した銅鐸と同じ形式のもの。ということは、伊勢を本拠地として猿田彦神を祭り、倭姫命に宮処を教えたとされる宇治土公氏の言い伝えと、『日本書紀』の巡幸説話、それに伊勢で発掘された銅鐸祭祀終焉期の銅鐸片が、時期的にピタリと合うわけです」

岡田さんの『日本書紀』への信頼は、少々の新説の登場では揺るぎそうになかった。

〈内なる伊勢〉と〈外なる出雲〉

私が近年読んだ伊勢神宮に関する論考の中で、もっとも刺激的だったのは、国立歴史民俗博物館教授で民俗学者の新谷尚紀《しんたにたかのり》さんによる『伊勢神宮と出雲大社 「日本」と「天皇」の誕生』である。

新谷さんは、大山さんと同じく、持統6年（692年）に持統天皇の行幸に際して伊勢の多気郡に完成していた大和王権の社殿が、文武2年（698年）に度会郡の五十鈴川のほとりの現在地に移された、と考える。

新谷さんと大山さんの大きな相違点の一つは出雲の扱いだ（大山さんは出雲に関しては、私の取材時点で独自の論文を発表していない）。新谷さんによれば、大和王権にとって〈内なる伊勢〉と同様に重要なのが〈外なる出雲〉であり、両者は王権の祭祀世界で「対照性のコスモロジー（宇宙論）を形成する」と言う。

私も出雲のことは気になっていた。三輪山の祭神の大物主神《おおものぬし》は『日本書紀』では出雲の大国主神《おおくにぬし》や大己貴神《おおあなむち》と同じ神とされているし、『古事記』ほどではないものの『日本書紀』神代紀に占める出雲神話の比重も小さくはない。また、出雲に多くの前方後方墳が築かれ、出雲の国造《くにのみやつこ》のみが新任のたびに朝廷で祝賀の言葉を奏上する（出雲国造神賀詞《いずもこくぞうかんよごと》）など、大和王権は出雲を特別視してきた。その理由を知りたいと思っていた。

「伊勢と出雲が整備されたのは、天武・持統朝が世俗王（武力王）にして祭祀王（神聖王）である超越神聖王権だったことと関連します」

千葉県佐倉市の歴博に新谷さんを訪ねると、新谷さんは、大和王権による伊勢と出雲の整備には前段があると語った。

まず7世紀初頭、推古朝での遣隋使派遣による文化的衝撃である。隋に対抗し、倭国の王権の由来と正統性を提示することが急遽必要になり、『天皇記』『国記』などの国史編纂が図られ、日神祭祀の王権神話が構想された。次いで7世紀半ばの斉明《さいめい》朝における半島情勢の緊迫化。唐と新羅の攻撃を受け友好国の百済が窮地に追い込まれたことにより、出雲とその地域勢力が宗教的前線と見なされ、斉明5年（659年）に杵築《きづき》大社（出雲大社）

が創建された。〈外部〉としての出雲の誕生である。

そして7世紀末、「超越神聖王権」樹立を目指す天武・持統朝は、王権の神聖性の確保を伊勢神宮の奉祭によって、特殊霊力の確保を出雲の神々からの継承によって、それぞれ果たそうとする。

「結局、伊勢という土地は、アマテラスのご託宣にもあるように、大和の真東の方角にあって安全かつ清浄な土地なんです」

天照大神は倭姫命に、伊勢の国で鎮座するに際し、「この神風の伊勢の国は常世《とこよ》の浪の重浪帰《しきなみよ》する国なり、傍国《かたくに》の可怜《うま》し国なり、この国に居らむと欲《おも》ふ」と告げたとされる。

「〝常世〟すなわち永遠の理想郷からの波が絶えず打ち寄せる日昇の地なのだ、と。しかも日本海側で脅威を感じたような外敵はおらず、きわめて安全。禊《みそ》ぎができる清らかな川が流れており、海には不老長寿の伝説があるアワビなどの海産物も豊富。伊勢は、まさに皇祖神アマテラスを祭るにふさわしい大和の奥座敷なわけです」

「いっぽうの出雲は?」

「大和から見ると太陽の沈む地、西の外れの辺境ですよ。半島や大陸という騒然とした異界に向き合う最前線でもある。倭国は南北軸を尊重する中国と違って東西軸を重視します

	祭神	祭主	立地	方位	対外緊張	太陽	祭祀	司る世界	遷宮
伊勢神宮	天照大神	斎宮(皇女)	太平洋	東	無為安寧	日昇	新嘗祭祀	現実界	式年遷宮
出雲大社	大国主神	出雲国造	日本海	西	半島・大陸	日没	龍蛇祭祀	幽冥界	修造遷宮

新谷尚紀著『伊勢神宮と出雲大社』から

が、東の伊勢と比べると、西の出雲は何から何まで正反対です（表参照）」

「その中で最重要なものというと、何でしょう？」

「やはり、西出雲の龍蛇祭祀《りゅうじゃさいし》ですね。東出雲の勢力は早くに大和の軍門に降《くだ》りましたが、西出雲は残った。その西出雲の首長が霊威の源として祭っていたのが南海産のセグロウミヘビです。『古事記』に言う〝海を光《てら》して依《よ》り来《きた》る〟神霊、初冬の海荒れの季節に漁師の船に寄り来る黄金色の蛇（背が黒く腹が黄色）。非常に生命力が強く、餌なしでも長期間生きる。世俗王にして祭祀王を目指す天武・持統朝がぜひとも入手したかったのがこの出雲の不気味な自然的・呪術的霊威です。アマテラスの権威のみではイデオロギー的すぎますからね」

「では、記紀に占める出雲神話の比重が大きいからといって、〝出雲王朝〟のような一大王国が出雲にあったわけじゃないと？」

「私はそんなものは特になかったと思いますね。基本的には、内外の緊張状況を反映して、大和が出雲とその祭祀世界に時々の関心を寄せたんだと思います。海上来臨した霊威は、大己貴神の幸魂《さきみたま》・奇魂《くしみたま》として大和の三輪山《みわやま》に移し、祭った。国造りで大己貴神と一緒に働いた少彦名《すくなひこな》神の場合は、少彦名神が発揮した医療や禁厭《まじない》の法を必要としなかったから祭らなかった」

三輪山の太陽祭祀の伊勢への移動と、その後の出雲神の畿内への流入については、京都教育大学名誉教授の和田萃《あつむ》さんが『三輪山の神々』所収の一連の論文で別の意見を述べている。

和田さんは、三輪山の神は本来「自然神」だったと言う。本体は蛇で、雲を呼び雨を降らす雷神である（同じような龍蛇神信仰は、奈良盆地の東側や南側の都祁《つげ》、宇陀《うだ》、吉野などにあって今も神社として残っている）。こうした信仰は確実に弥生時代から存在し、縄文時代まで遡る可能性もある。

そのような自然神は、3世紀中頃に成立した大和王権の大王自らが祭るようになると、太陽神、軍神、人格神など、王権の守護神としてさまざまな神格を持ち始める。4、5世紀段階では、三輪山の神は、大和王権の全国進出と共に、各地に分祀《ぶんし》され広がった。

ところが、6世紀中頃に至り、三輪山の神の性格が大きく変化する。

出雲大社。12月の神事「御饌井《みけい》祭」の様子

影響を与えたのは出雲の大国主神だった。出雲は、意宇《おう》川流域の出雲東部と斐伊《ひい》川流域の出雲西部に分かれる。出雲東部には玉造《たまつくり》遺跡（花仙山《かせんざん》から碧玉《へきぎょく》、メノウ、水晶など出雲ブランドの玉製品を続々生産）があり、『出雲風土記』で各地の土地を国引きした八束水臣津野命《やつかみずおみつののみこと》がいるが、5世紀前半にすでに大和王権に服属していた。いっぽうの出雲西部は、イズモという地名の発祥地で、北九州勢力との交易と斐伊川上流の砂鉄採取により強大な力を誇り、出雲振根《ふるね》の伝承に見るように長く大和王権と対立していた。大穴持《おおなむち》（＝大己貴）神がその出雲西部の国造りの神だった（大己貴神は、大穴牟遅《おおあなむち》神、八千矛《やちほこ》神、葦原色許男《あしはらしこお》神など多くの別名を持つが、やがて大国主神という神に統一される）。

垂仁天皇の息子の本牟智和気《ほむちわけ》命が発語不全だったのは出雲大神の祟《たた》り、とされたことからわかるように、大国主神は、国造りの神であると同時に霊威の強いタタリ神だった。三輪山の大物主神もタタリ神で、崇神天皇の時に疫病が流行したのは大物主神の祟りとされ（この時、三輪山の太陽祭祀＝天照大神が大和から伊勢へ移ることになった）、大物主神の子供の大田田根子を見つけ出し、大物主神の神祭りをさせると疫病は収まった。

『記紀』によると、大国主神は少名毘古那《すくなひこな》（＝少彦名）神という小さいけれど知恵に恵まれた神と一緒に国造りをしたが、途中で少名毘古那神は常世《とこよ》の国へ行ってしまう。困っている大国主のところへ、「海を光《てら》して依り来る神」があった。谷川健一氏の研究（『神・人間・動物』）では、「海を光して依り来る神」とはセグロウミヘビである。出雲では毎年11月中旬、沖合からセグロウミヘビがやって来る。出雲大社・佐太神社・美保神社・日御碕神社の神在《かみあり》祭では、そのセグロウミヘビが玉藻（ホンダワラ）に乗せて神殿に納められる。その「海を光して依り来る神」が大国主神に、自分をよく祭ってくれるなら一緒に国造りをしようと言った。どう祭ればいいか聞くと、「吾をば倭《やまと》の青垣の東の山の上《へ》に斎《いつ》きまつれ」と告げた。「こは御諸山《みもろ》（＝三輪山）の上にます神なり」と言う。

こうした経緯で、大国主神の和魂《にきみたま》・幸魂《さきみたま》として三輪山に祭られたのが大物主神、ということになる。

和田さんによると、出雲西部が大和王権に服属したのは6世紀中頃である。三輪山祭祀

伊勢神宮に近い二見浦に浮かぶ夫婦岩。夏至のころだけ、岩と岩の間から日の出が見られる

には二つの段階があって、大和王権の大王が直接祭っていた時には、国造りの神として多様な神格があった。しかし6世紀半ばすぎ、三輪君が大物主神を祭るようになってから、手厚く祭れば幸をもたらし、おそろかにすると疫病や風水害を起こすタタリ神の性格が強くなった。これは明らかに出雲神の影響である（ただし、出雲の大己貴神や八束水臣津野命は巨人神だったが、三輪山の大物主神は巨人神ではない）。

大国主神や大己貴神など出雲の信仰は、7世紀後半から8世紀にかけてさかんに畿内に流入した。奈良県吉野町の非常に神格の高い大名《おおな》持《もち》神社や、京都府亀岡市にある丹波国一の宮の出雲神社はそうした事例と言う。

もっとも、大和王権に特殊霊力を与え、〈内なる伊勢〉とともに王権の祭祀世界で対照性のコスモロジーを形成した〈外なる出雲〉も、時代が推移して平安時代に至ると、〈外部〉の存在自体が不必要とされ、退場を余儀なくされる。

858年に幼帝の清和《せいわ》が即位し、866年に外祖父である藤原良房が摂政《せっしょう》に就任した。摂関政治の開始である。新谷さんによれば、これによって、異様な霊威力で朝廷を支えた〈外なる出雲〉は消滅へと向かった。最重要儀礼の鎮魂祭が「外来魂を天皇の身体に固着させるための儀礼」として整備され、摂関が「内なる〈外部〉」の役目を果たし始めたからだ。そしてそれは、今日まで連綿と続く祭祀王に純化した天皇の誕生を意味していた。


私は、伊勢神宮の内宮の正殿前に、長い間佇《たたず》んでいた。外玉垣南御門に掛けられた白い絹の帳《とばり》が微風に揺れていた。千数百年間流れてきた時間が、この時止まり、別次元の世界に迷い込んだような感覚だった。

私は心を落ち着け、閉じられた扉の向こうに気持ちを集中しようとした。

向こうが見通せないのは若いころと同じだったが、『日本書紀』を批判的に読みほぐしてきた今回は、多少は明瞭に、日本国の創生と共に生まれた「神」の輪郭が感じ取れるような気がしていたのだった。

天皇系図

数字は「皇統譜」による歴代代位数
⊙は女帝、「北」は北朝天皇を示す

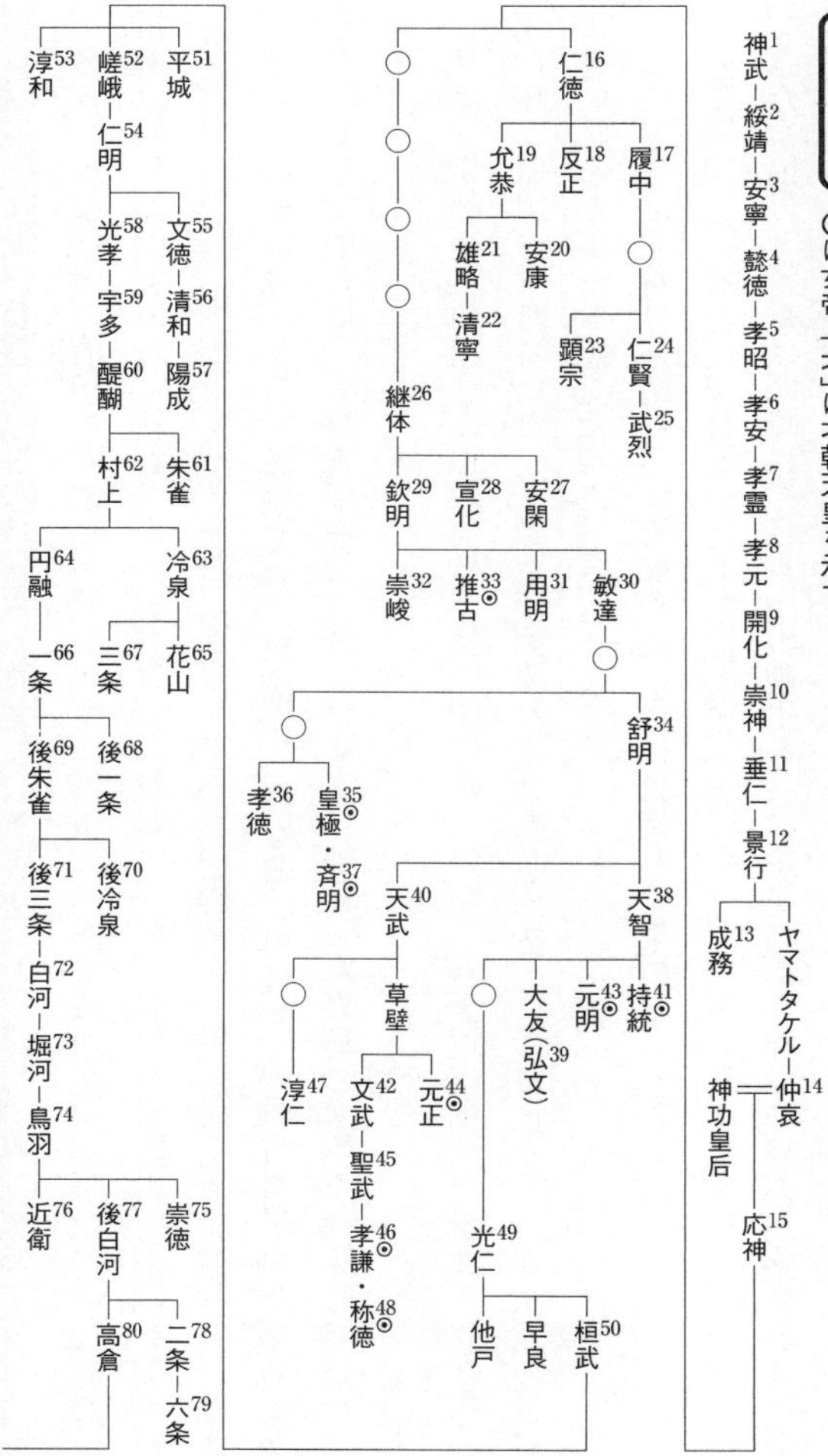

神武1
綏靖2
安寧3
懿徳4
孝昭5
孝安6
孝霊7
孝元8
開化9
崇神10
垂仁11
景行12
成務13
ヤマトタケル
仲哀14
神功皇后
応神15
仁徳16
履中17
反正18
允恭19
安康20
雄略21
清寧22
顕宗23
仁賢24
武烈25
継体26
安閑27
宣化28
欽明29
敏達30
用明31
崇峻32
推古33⊙
舒明34
皇極35⊙・斉明37⊙
孝徳36
天智38
大友(弘文)39
天武40
持統41⊙
文武42
元明43⊙
元正44⊙
聖武45
孝謙46⊙・称徳48⊙
淳仁47
草壁
光仁49
桓武50
早良
他戸
平城51
嵯峨52
淳和53
仁明54
文徳55
清和56
陽成57
光孝58
宇多59
醍醐60
朱雀61
村上62
冷泉63
円融64
花山65
一条66
三条67
後一条68
後朱雀69
後冷泉70
後三条71
白河72
堀河73
鳥羽74
崇徳75
近衛76
後白河77
二条78
六条79
高倉80

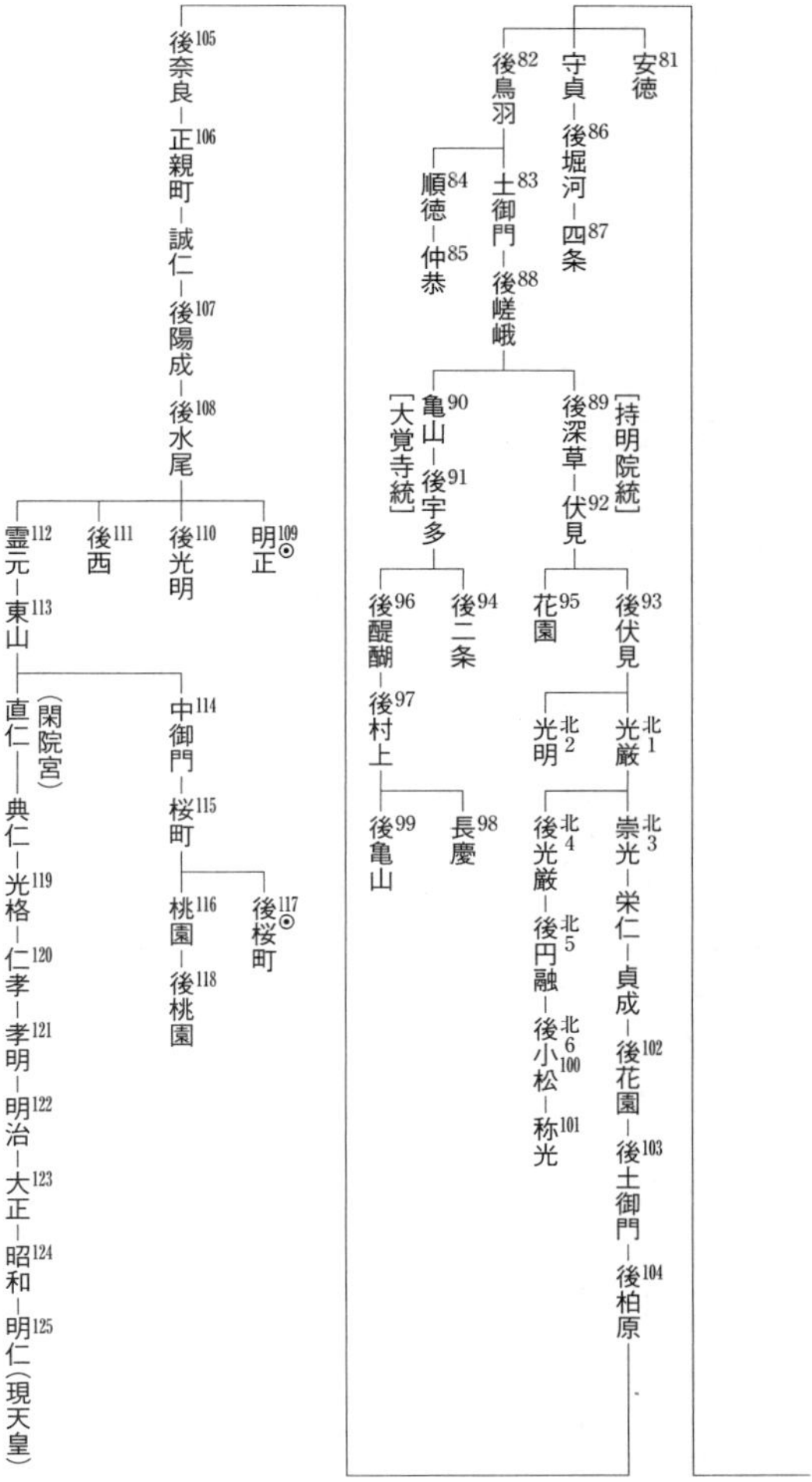

安徳 81
守貞
後鳥羽 82
後堀河 86
四条 87
土御門 83
順徳 84
仲恭 85
後嵯峨 88
[持明院統]
後深草 89
伏見 92
後伏見 93
花園 95
光厳 北1
光明 北2
崇光 北3
後光厳 北4
栄仁
貞成
後花園 102
後土御門 103
後柏原 104
後円融 北5
後小松 北6 100
称光 101
[大覚寺統]
亀山 90
後宇多 91
後二条 94
後醍醐 96
後村上 97
長慶 98
後亀山 99
後奈良 105
正親町 106
誠仁
後陽成 107
後水尾 108
明正 109 ⊙
後光明 110
後西 111
霊元 112
東山 113
中御門 114
桜町 115
桃園 116
後桜町 117 ⊙
後桃園 118
直仁 (閑院宮)
典仁
光格 119
仁孝 120
孝明 121
明治 122
大正 123
昭和 124
明仁 125 (現天皇)

あとがき

今回たくさんご教示いただいた中部大学教授の大山誠一さんは、「自分の仮説は上山《うえやま》春平《しゅんぺい》さんの説を継承・発展させたもの」と言っている。哲学者の上山春平氏は、1970年代の初め、「日本の古代国家は皇室中心の天皇制国家、藤原氏はその下で権力を振るった」という通説を批判し、「古代日本は国家の基本構造においても藤原氏が中心だった」と主張した。藤原氏は天皇の権威を利用して実権を握り、「藤原ダイナスティ（王朝）」を創設したのだ、と。

大山さんは私のインタビューの後、大山仮説の集大成と呼ぶべき『天孫降臨の夢　藤原不比等のプロジェクト』を刊行した。

それによると、『記紀』の神話、つまり高天原・天孫降臨・万世一系の神話は、日本人が古くから伝えてきた伝承ではなく、7世紀末から8世紀にかけて藤原不比等が作ったものだと言う。これによって天皇は現人神《あらひとがみ》になった。その結果獲得した権力を上山氏は「藤原ダイナスティ」と呼ぶが、厳密に言えば、「藤原氏が皇室を利用した」のではなく「藤原氏の中に皇室を取り込んでいる」。すなわち、「皇室は、藤原氏の一部としてしか存在しない。そういうシステムが世上言う天皇制なのである」、と。

現時点では、私はこのような意見に賛成である。日本の古代史を、律令国家の準備・成立・変容・崩壊の過程として捉えるという、いまだ続く閉塞的な研究状況を打破し乗り越えるためにも、人間に視点を移した、大山説のような思い切ったパラダイム・シフトは必要なのではないかと思う。

もっとも、だからと言って大山説のすべてに賛同するわけではない（例えば、『古事記』の天孫降臨神話を説明するため、同書の序文成立を712年、最終的に長屋王も関与、としているが、これは苦しいのでは？）。


本書は私にとって小さな一歩である。「この次」があるかどうかわからないが、今回の取材・執筆を通して自分の知識がいかに浅く薄っぺらいものか痛感したので、よりマシな補助線が引けるよう、今後とも学び続け、いっそう努力して行きたい。

大山誠一さんには心より感謝申し上げます。お一人ずつのお名前は挙げませんが、本書にご登場いただいた考古学者や古代史学の研究者の皆さま、ありがとうございました。

なお、本書は、『週刊朝日』2008年10月31日号〜11月21日号の4回に及ぶ〝姿を見せてきた邪馬台国〟シリーズ、同じく『週刊朝日』2009年11月13日号～12月4日号の4回に及ぶ〝覆されるか『日本書紀』〟シリーズ、そして月刊『望星』2010年6月号の〝古代東国の中心地「上毛野（群馬）」〟に、それぞれ大幅に加筆訂正したものです。『週刊朝日』に発表の場を提供してくださった中村智志副編集長、朝日新書に採用していただいた岩田一平編集長、担当編集者の福場昭弘さん、本当にお世話になりました。

2010年9月

足立倫行

足立倫行　あだち・のりゆき
1948年、鳥取県境港市生まれ。早稲田大学政治経済学部を中退して世界を歩き、週刊誌記者を経てノンフィクション作家に。『北里大学病院24時　生命を支える人びと』(新潮文庫)『アジア海道紀行』(文春文庫)『親と離れて「ひと」となる』(日本放送出版協会)『妖怪と歩く　ドキュメント・水木しげる』(新潮文庫)など多数の著書がある。

朝日新書
261

激変《げきへん》！　日本古代史《にほんこだいし》

卑弥呼から平城京まで

2010年10月30日第1刷発行
2010年11月30日第4刷発行

著　者　足立倫行

発行者　岩田一平
カバーデザイン　アンスガー・フォルマー　田嶋佳子
印刷所　凸版印刷株式会社
発行所　朝日新聞出版
〒104-8011　東京都中央区築地5-3-2
電話　03-5540-7772（編集）
03-5540-7793（販売）

Published in Japan by Asahi Shimbun Publications Inc.
ISBN 978-4-02-273361-0
定価はカバーに表示してあります。

落丁・乱丁の場合は弊社業務部(電話03-5540-7800)へご連絡ください。
送料弊社負担にてお取り替えいたします。

メイドインジャパンとｉＰａｄ、どこが違う？
世界で勝てるデジタル家電
西田宗千佳

日本の電気製品が世界で苦戦を強いられている。「メイドインジャパン」神話崩壊と中国の工場の台頭は、生産方法やサポートにも影響を及ぼしていた。今家電はどう作られているのか、なぜ生産国の価値がなくなったのかをひもとき、処方箋を示す。

1万人市場調査で読み解く
ツイッター社会進化論
金　正則

フォローしている人が本当にウチの商品を買ってくれるの？　いまいち分からないツイッターの世界を、マーケティングの達人が1万人の市場調査から描き出す。「フォロワー」と「顧客」との間の近くて遠い関係とは。会社の好意度アップのツボはこれだ！

激変！　日本古代史
卑弥呼から平城京まで
足立倫行

古代史最大のミステリー、邪馬台国の姿が見えてきた！　卑弥呼、ヤマト王権、出雲王家、大化改新――その最新の疑問とは？　日本のルーツの謎を追って、古代史フリークのノンフィクション作家が徹底取材。考古学最前線をレポートする。

おしりの健康
大腸がん・肛門の病気のわかりやすい話
森田博義

なかなか人には聞けない「おしりの知識」の入門書。シェイプアップ方法から、便秘、産後の痔、痔と思い込み手遅れになるケース、直腸・大腸がんまで、肛門科の専門医が、おしり全般のセルフケアや検診方法をていねいに解説する。

ＭＢＡ老師が喝破する
仏教ビジネスのからくり
井上暉堂

禅宗で高位の老師と、ＭＢＡの両方の資格をもつ著者が、宗教法人法のさまざまな優遇措置の上にあぐらをかき、葬式・戒名・お墓によって潤っている「仏教ビジネス」のあり方をするどく批判。宗教法人への相応の課税を提案する「警世の書」。